世纪英才高等职业教育课改系列规划教材（经管类）

物流设备使用与管理

赵智锋　主　编
陈克勤　主　审

人民邮电出版社
北　京

图书在版编目（CIP）数据

物流设备使用与管理 / 赵智锋主编. -- 北京：人
民邮电出版社，2010.12
世纪英才高等职业教育课改系列规划教材. 经管类
ISBN 978-7-115-23842-9

Ⅰ. ①物… Ⅱ. ①赵… Ⅲ. ①物流－设备管理－高等
学校：技术学校－教材 Ⅳ. ①F252

中国版本图书馆CIP数据核字(2010)第176801号

内 容 提 要

本书基于工作过程，以项目引领、任务驱动的工作项目进行编排，以物流主要职能活动中常用设备为载体，按照"项目任务—项目导学—设备认知—设备分类—设备使用—项目考核评价"的主线，将物流活动中常见设备的名称、特点、分类、图形、选型、使用等"必需、够用"的理论与"基本技能与操作"进行系统介绍，方便教师灵活地安排"技能模块"的授课，也方便学生和自学者有针对性地选学相关的内容。

本书可供高等职业教育物流管理、物流工程专业学生使用，也适合作物流企业运输、仓储、配送、管理等相关人员的培训用书，同时对于有志开拓物流领域的从业人员和对机电设备感兴趣的爱好人员来说，也不失为一本较好的自学读物。

世纪英才高等职业教育课改系列规划教材（经管类）

物流设备使用与管理

◆ 主 编 赵智锋
　主 审 陈克勤
　责任编辑 丁金炎
　执行编辑 洪 婕

◆ 人民邮电出版社出版发行 北京市崇文区夕照寺街 14 号
　邮编 100061 电子函件 315@ptpress.com.cn
　网址 http://www.ptpress.com.cn
　中国铁道出版社印刷厂印刷

◆ 开本 787×1092 1/16
　印张 12.25
　字数 301 千字　　　　　　　2010 年 12 月第 1 版
　印数 1–3 000 册　　　　　　2010 年 12 月北京第 1 次印刷

ISBN 978-7-115-23842-9
定价：25.00 元

读者服务热线：(010)67132746　印装质量热线：(010)67129223
反盗版热线：(010)67171154
广告经营许可证：京崇工商广字第 0021 号

随着我国社会经济的发展，近几年，我国高等职业教育规模快速增长，到 2008 年年底，全国独立设置的普通高职高专院校已经达到 1000 多所。应当说，基本适应社会主义现代化建设需要的高等职业教育体系已经初步形成。

高等职业教育依托经济发展，为经济发展提供适应需要的人力资源。同时，高等职业教育要适应经济和社会发展的需要，就必须提高自身创新能力，不断深化课程和教学改革，依靠传统的课程已经不能满足现代职业教育对职业能力培养的要求。围绕高等职业教育专业课程体系建设及课程开发，做好人才培养模式、课程体系改革、专业师资队伍、实践教学条件等方面的建设，已经成为高职院校教学改革的首要任务，同时也成为我国高等职业教育发展的当务之急。

随着高等职业教育改革形势的纵深发展，我国高等职业教育在课程体系建设指导思想上逐渐汇流，"基于工作过程"的课程开发的理念逐渐为广大高职院校师生所接受。

"基于工作过程"的课程开发设计导向遵循现代职业教育指导思想，赋予了职业能力更加丰富的内涵，它不仅打破了传统学科过于系统化的理论束缚，而且提升了职业教育课程设计水平。这与高等职业教育的办学方向比较吻合，因此，得到了教育部有关部门的大力倡导。为了响应教育部的号召，我们于 2008 年组织了"基于工作过程"课程改革和教材建设研讨会，认真分析了当前我国高等职业教育课改现状，充分讨论了高等职业教育课改形势以及课程改革思路，并初步构建了面向 21 世纪的"世纪英才高等职业教育课改系列规划教材"体系。

我国高等职业教育以培养高级应用型人才为目标，承担着为我国社会主义新型工业化社会建设输送人才的重任，大力发展高等职业教育是我国经济社会发展的客观需要。自国家大力倡导高职高专院校积极研究探索课程改革思路以来，我国的高等职业教育就步入了一个追求内涵发展的新阶段。"世纪英才高等职业教育课改系列规划教材"按照"基于工作过程"的课改思路，将科学发展观贯彻在高等职业教育的教材出版领域里，希望能为促进我国高等职业教育的发展贡献一份力量。

"世纪英才高等职业教育课改系列规划教材"会聚了国内众多职业教育专家、高职高专院校一线教师的智慧和心血，以工作过程的发展展开教学过程，有区别地运用"结构模块化、技能系统化、内容弹性化、版面图表化"的表现手段，内容结构层次从简从便，教材容量深度适当、厚度适合，并配以必要的辅助教学手段。相信本系列教材一定能成为广大高职高专院校师生的良师益友。

"世纪英才高等职业教育课改系列规划教材"建设是对高等职业教育课程改革的一次建设性的探索，期望得到广大读者的首肯和大力支持。如果您在阅读本系列教材的过程中有什么意见和建议，请发邮件至 wuhan@ptpress.com.cn 与我们进行交流，或进入本系列教材服务网站 www.ycbook.com.cn 留言。

世纪英才高等职业教育课改系列规划教材编委会

我们依据国家高职高专教材规划的要求，结合 2005 年开始实施的我国《物流企业分类与评估指标》国家标准和 2006 年修订的国家标准《物流术语》（修订版）(GB/T 18354)、2009 年国务院印发的"物流业调整和振兴规划"等文件要求，参照劳动部颁发的物流师考核标准，在高职物流专业教学改革的基础上，根据教学需要组织编写了本书。

本书是高等职业教育物流管理、物流工程专业通用的理论教学与技能训练一体化系列教材之一，是按工作任务的设计而编写的，贯彻了"以能力为本位、基于工作过程"的教学思想。

本教材具有如下特点。

1. 坚持就业导向。我们先后赴诸多物流企业与科研院所进行了大量调研，如武铁物流公司工程物流中心、中铁快运武汉分公司、中远物流武汉分公司、武汉吴家山物流园区、中百仓储配送中心、中百仓储大洲店、远成物流武汉分公司、华中物流公司、武汉腾飞物流培训公司、武汉理工大学物流工程学院自动化立体仓库（国家重点实验室）等，从而瞄准物流管理相关就业群，准确定位高职物流管理专业办学方向，真正引导学生在实践中找岗位、在岗位上练技能、以技能谋就业、以思维求发展。

2. 源于物流企业。经过课改实践与多次研讨，我们绘制了物流中心的一般组织结构与岗位设置模型图，收集了各岗位的工作职责，对该组织结构中与物流管理专业相关的 40 个岗位的 281 项岗位职责进行了分析，归纳出一般物流中心物流专业岗位的典型工作任务 72 项，依据典型工作任务确定了物流管理专业的行动领域 13 个，最后将这些工作领域转化为学习领域进行本书的编写。

3. 基于工作过程。本教材以基于工作过程的课程理念为指导，分单元项目来进行，每一项目按照"项目任务—项目导学—设备认知—设备分类—设备使用—考核评价"的主线，围绕工作任务，将常见设备的名称、特点、分类、图形、选型、使用等"必需、够用"的理论与"基本技能与操作"进行系统地介绍，较好地传承了行动导向的"六步"法。

4. 表述图文并茂。本书以物流活动的主要职能为依据，精选了主要物流设备的名称、分类、图形、工作特点、使用范围等与物流职业相关的一些知识点，省略了过去教材中较多篇幅的工作原理、主要结构等内容，增加了设备操作方面的内容。而且在行文中，将设备分类、使用范围、设备操作、打分考核等尽可能表格化，并配以丰富的图示。基本做到了教材结构"模块化"、理论实践"一体化"，图文表述"形象化"。

本书由武汉铁路职业技术学院赵智锋担任主编，编写了项目二、项目四、项目七、项目八；武汉商贸职院代承霞编写了项目一；武汉工业职业技术学院董嵘编写了项目三；武汉职业技术技术学院刘晶璟编写了项目五；武汉工程职业技术学院聂碧娟编写了项目六。本书由教育部高等学校高职高专工商管理类专业教学指导委员会委员、武汉铁路职业技术学院陈克勤副教授担任主审。在教材编写过程中，我们参考了国内外的相关文献和物流专业方面的教材，以及大量研究成果，在此，对涉及的专家、学者表示衷心的感谢！

由于编者水平有限，教材中错误与不足难免存在，敬请同行及读者予以批评指正。

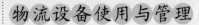

为方便教学，编者精心准备了与本书配套的电子课件，读者可到人民邮电出版社的网站（www.ptpress.com.cn）下载。

在教学中，我们建议按照"理论与实践为1：1"的原则分配学时，建议学时可参照下表，具体的学时由任课教师根据实际情况做适当调整。

序号	课题名称	建议学时			序号	课题名称	建议学时		
		讲授	实践	考核			讲授	实践	考核
项目一	物流设备认知	2	2	0	项目五	搬运设备的使用与管理	4	4	2
项目二	运输设备的管理	4	4	2	项目六	包装设备的使用与管理	2	4	2
项目三	仓储设备的使用与管理	4	2	2	项目七	分拣设备的使用与管理	4	2	2
项目四	装卸设备的使用与管理	4	0	2	项目八	物流信息设备的使用与管理	2	2	2
合计		14	8	6	合计		12	12	8

总学时：理论讲授26+实践操作20+考核14=60学时
或者采用理论讲授60+（实训周）的形式来完成

编　者
2010 年 5 月

Contents

项目一 物流设备认知

物流设备是物流系统的重要组成部分，在物流活动中处于重要的地位，是实现物流作业的重要基础。现代物流朝着机械化、智能化、一体化的方向快速发展，物流设备是推动其发展的重要推动力。

项目描述

学 习 目 标	器 材 工 具	教 学 建 议	课 时 计 划
① 了解物流系统的构成要素 ② 认识并掌握不同种类的物流设备的功能 ③ 掌握物流设备的选型原则 ④ 在作业中培养学生的团队精神	① 配送中心的布置图 ② 配送中心的物流设备	① 条件允许时，尽量在理论实践一体化教室中实施教学 ② 如果条件不允许，可采用某一配送中心的布置图或视频代替	计划 4 学时，其中，理论教学 2 学时，实践与考核 2 学时

项目任务

组织学生参观某一配送中心，熟悉配送中心的作业流程，并分析相应物流设备的主要功能，讨论在物流设备选型时应考虑的主要因素。项目教学涉及以下环节：

（1）熟悉配送中心的主要功能，绘制配送中心的布置图；

（2）分析配送中心的作业流程，并结合作业流程说明相关物流设备的主要功能；

（3）结合具体的使用情况，讨论物流设备选型时应依据的主要原则。

任务一 物流设备认知

一、系统概述

1. 系统的定义

系统是指为达成某种共同目的，由若干构成要素相互有机地结合成的复合体。系统的概念自古就有，在现实生活中也随处可见。大到宇宙中太阳系、整个世界、一个国家，小到一个企业、一个部门甚至一台机器，都可以被看做一个整体，一个系统。

所有的系统无论大小，简单还是复杂，都具有以下条件：

（1）各个系统都由两个或两个以上的要素组成；

（2）各要素之间相互关联，使系统保持稳定；

（3）各系统具有一定的结构，保持系统的有序性，使系统具有一定的目的，完成特定的功能。

所以，系统就是"为有效地达到某种目的的一种机制"，也就是为了达成某一目的，把各种资源作为指令输入（Input）使其产生某种结果（Output）的功能，如图1.1所示。

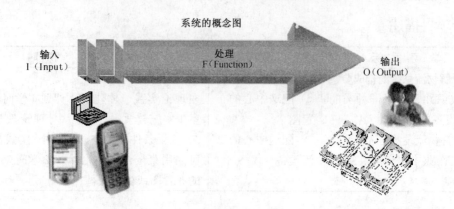

- 各个系统都是由两个或两个以上的要素组成；
- 各要素之间相互关联，使系统保持稳定；
- 各系统具有一定的结构，保持系统的有序性，使系统具有一定的目的，完成特定的功能。

图 1.1　系统的概念

2．系统的特点

系统的特点见表1.1。

表 1.1　　　　　　　　　　　　　系统的特点

序　号	特　点	说　明
1	集合性	集合性是指系统通常由多个子系统组成，而且组成的关系是多层次的。由于每个子系统中所要考虑的因素和变量是相当多的，这样在系统内就必然形成庞大的横向和纵向联系。可见，系统是一个集合体，是由多个子系统组成的统一体、综合体
2	相关性	相关性是指系统中的各个要素之间相互联系、相互制约、相互影响、相互作用，而且有一定的秩序，形成一个完整的过程。如果各要素之间没有联系，就构不成系统，这就是系统的相关性
3	目的性	凡是人造的系统都有明确的目的，系统的各个组成部分都是围绕着这个共同目标进行活动。如连锁物流系统的各个组成部分就是围绕"以最低总成本达到既定的物流服务"这一目标进行的
4	层次性	一个主系统可以包括若干子系统，子系统下又有子系统。而且主系统本身又有可能包括在更大的系统中，这就是系统的层次性
5	适应性	任何系统都存在于一定的环境中，因而也必然受到环境因素的影响，并与外部环境产生物质交换和信息交换。系统要正常运行就必须使自身适应环境，根据环境的变化，不断地修正自身系统，这就是系统的适应性

3．构建系统的原则

构建系统应坚持的原则见表1.2。

表 1.2 构建系统的原则

序 号	原 则	说 明
1	要素存在的价值取决于其对整个系统的贡献	整个系统的实现是至关重要的，要素存在的价值是根据其对整个系统的贡献程度而定的。例如，音响系统使用两个扬声器就能取得卓越的音响效果，那么系统中再增加另外的扬声器就没有必要了
2	重视组成系统各要素之间的合作	不要求要素在个体上达到最佳或最优化，系统的重点在于要素彼此之间的合作配合所产生的效果。例如，晶体管设计在音响系统内部，就不需把它设计得非常美观，因为人们看不到它们，为设计一个漂亮晶体管而花成本和时间，就整个系统的效果来看是不必要的
3	注意各要素之间的"互换代价"	由于要素之间彼此相互作用，会出现此增彼消的现象，称为"互换代价"，这种关系可以促进也可以阻碍整个系统的工作绩效。所以一个要素变化时，要考虑到其他要素相应的变化，以及最终对整个系统的影响。例如，在音响系统中添加晶体管，就可以采用一个便宜的放大器，这样虽然增加了晶体管的成本，但节约了放大器的成本，如果最终的总成本降低了，且效果不变，那么这样的做法就是合理的
4	要素合作可以产生出更大的效果	各要素作为一个系统而联系在一起，可望产生的最终效果大于通过个体部件表现的效果。事实上，没有合作，就难以取得基本的效果。例如，一个没有扬声器的音响系统，虽然在技术上可以运行，但是没有声音

系统的构建原则如图 1.2 所示。

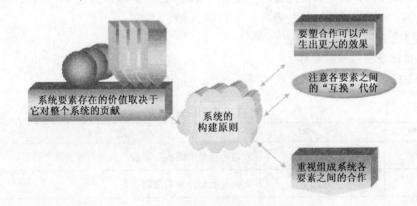

图 1.2 系统的构建原则

二、物流系统概述

1. 物流系统的定义

物流系统是指在一定的时间和空间里，由物品、包装设备、装卸搬运机械、运输工具、仓储设施、人员和通信联系等若干相互制约的动态要素所构成的具有特定功能的有机整体。物流系统的目的是实现物品的空间效益和时间效益，在保证社会再生产顺利进行的前提条件下，实现各种物流环节的合理衔接，并取得最佳的经济效益。物流系统是社会经济大系统中的一个子系统或组成部分。

2．物流系统基本模式

物流系统和一般系统一样，具有输入、转换及输出三大功能，通过输入和输出使系统与社会环境进行交换，使系统和环境相依存，如图 1.3 所示。

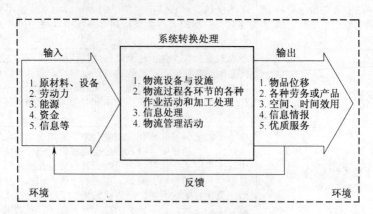

图 1.3　物流系统基本模式

在流通领域里，物流过程可以看成是一个由生产经流通到消费的各物流要素相互作用和相互依存的过程。在生产领域里，物流过程是一个不断投入原材料、机器设备、劳动力，经过加工处理，产出满足社会需要的投入与产出过程。就物流过程的每一个环节来讲，也同样是一个投入与产出的过程。每一环节都要从外界环境吸收一定的能量、资源（人、财、物），并以输入形式投入，经过转换处理，直接或间接地产出一定的产品或劳务，再以输出的形式向外界提供，来满足社会的某种需求。

3．物流系统的要素

（1）物流系统的一般要素

物流系统的一般要素见表 1.3。

表 1.3　　　　　　　　　　　　　　　物流系统的一般要素

序　号	要　素	说　　明
1	人	人是所有系统的核心要素，也是系统的第一要素
2	资金	资金是所有企业系统的动力
3	物	包括物流系统的劳动对象，即各种实物
4	信息	包括物流系统所需要处理的信息，即物流信息

（2）物流系统的功能要素

物流系统的功能要素是指物流系统所具有的基本能力，这些基本能力有效地组合、连接在一起，变成了物流系统的总功能，便能合理、有效地实现物流系统的总目的。

物流系统的功能要素主要包括运输、储存保管、包装、装卸搬运、流通加工、配送以及物流信息等要素。

（3）物流系统的流动要素

物流系统的流动要素见表 1.4。

表1.4 物流系统的流动要素

序 号	要 素	说 明
1	流体	即"物"
2	载体	即承载"物"的设备和这些设备据以运作的设施,如汽车和道路
3	流向	即"物"转移的方向
4	流量	即物流的数量表现
5	流程	即物流路径的数量表现,亦即物流经过的里程
6	流速	即流体流动的速度
7	流效	即流体流动的效率和效益、成本与服务等

(4)物流系统的支撑要素

物流系统的支撑要素见表1.5。

表1.5 物流系统的支撑要素

序 号	要 素	说 明
1	法律制度	法律制度决定物流系统的结构、组织、领导、管理方式,国家对其控制、指挥、管理其方式以及定位这个系统的地位、范畴,是物流系统的重要保障
2	行政命令	行政命令是决定物流系统正常运转的重要支持要素
3	标准化	标准化是保证物流环节协调运行,保证物流系统与其他系统在技术上实现联结的重要支撑条件
4	商业习惯	商业习惯是整个物流系统为了使客户满意所提供服务的基本要求,了解商业习惯,将使物流系统始终围绕客户为主进行运营,达到企业的目的

(5)物流系统的物质基础要素

物流系统的物质基础要素见表1.6。

表1.6 物流系统的物质基础要素

序 号	要 素	说 明
1	基础设施	基础设施是组织物流系统运行的基础物质条件,包括物流场站、物流中心、仓库,物流线路,建筑、公路、铁路、港口等
2	物流装备	物流装备是保证物流系统开动的条件,包括仓库货架、进出库设备、加工设备、运输设备、装卸机械等
3	物流工具	物流工具是物流系统运行的物质条件,包括包装工具、维修保养工具、办公设备等
4	信息技术及网络	信息技术及网络是掌握和传递物流信息的手段,根据所需信息水平不同,包括通信设备及线路、传真设备、计算机及网络设备等
5	组织及管理	组织及管理是物流系统的"软件",起着连接、调运、运筹、协调、指挥其他各要素以保障物流系统目的的实现之作用

4．物流系统的特点

物流系统具有一般系统所共有的特点,即整体性、相关性、目的性、环境适应性,同时还具有规模庞大、结构复杂、目标众多等大系统所具有的特征。其主要特性见表1.7。

表 1.7 物流系统的特点

序　号	特　点	说　明
1	互动性	物流系统是一个"人一机"系统。物流系统是由人和形成劳动手段的设备、工具所组成。其表现为物流劳动者运用运输设备，装卸搬运机械、仓库、港口、车站等设施，作用于物品的一系列生产活动。在这一系列的物流活动中，人是系统的主体。因此，在研究物流系统的各个方面问题时，必须把人和物有机地结合起来，作为不可分割的整体，加以考察和分析，而且始终把如何发挥人的主观能动作用放在首位
2	巨大性	物流系统是一个跨地域、跨时域的大系统。这反映在两个方面：一是地域跨度大，二是时间跨度大。由于世界经济的全球化和信息化，物流活动早已突破了地域限制，形成了物流跨地区，跨国界的趋势。跨地域性正是物流创造的场所价值的体现。另外，通过仓储，可以解决产需之间的时间矛盾，跨时域性正是物流创造的时间价值的体现
3	可分性	物流是一个可分系统。作为物流系统，无论其规模多么庞大，都可以分解成若干个相互联系的子系统。这些子系统的多少和层次的阶数，是随着人们对物流的认识和研究的深入而不断扩充的。系统与子系统之间，子系统与子系统之间，存在着时间和空间上及资源利用方面的联系；也存在总的目标、总的费用以及总的运行结果等方面的相互联系
4	动态性	物流系统是一个动态系统。一般的物流系统总是联结多个生产企业和用户，随需求、供应、渠道、价格的变化，系统内的要素及系统的运行经常发生变化。这就是说，物流受到社会生产和社会需求的广泛制约，物流系统是一个具有满足社会需求、适应环境能力的动态系统。为适应经常变化的社会环境，人们必须对物流系统的各组成部分经常不断地修改、完善，这就要求物流系统具有足够的灵活性与可改变性。在有较大的社会变化情况下，物流系统甚至需要重新进行系统的设计
5	复杂性	物流系统的复杂性。物流系统运行对象——"物"，遍及全部社会物质资源，资源的大量化和多样化带来了物流的复杂化。在物流活动的全过程中，始终贯穿着大量的物流信息。物流系统要通过这些信息把各个子系统有机地联系起来。如何把信息收集全面、处理好，并使之指导物流活动，是非常复杂的事 物流系统的范围横跨生产、流通、消费三大领域，给物流组织系统带来了很大的困难。而且随着科学技术的进步、生产的发展、物流技术的提高，物流系统的边界范围还将不断地向内深化、向外扩张
6	多目标性	物流系统是一个多目标函数系统。物流系统的总目标是实现宏观和微观的经济效益。但是，系统要素间有着非常强的"悖反"现象，常称为"交替损益"或"效益悖反"现象。所谓"效益悖反"是指物流系统的若干功能要素之间存在着损益的矛盾，即某一功能要素的优化和利益发生的同时，必然会存在另一个或另几个功能要素的利益损失，反之亦然。这种此涨彼消、此盈彼亏的现象，在物流系统中尤为突出。例如，减少库存量，能减少库存持有成本，但必然会增加运输次数，从而增加了运输费用

5. 物流系统的功能

物流系统的功能见表 1.8。

表 1.8 物流系统的功能

序 号	功 能	说 明
1	运输功能	运输是物流的核心业务之一，也是物流系统的一个重要功能。选择何种运输手段对于物流效率具有十分重要的意义，在决定运输手段时，必须权衡运输系统要求的运输服务和运输成本
2	仓储功能	在物流系统中，仓储同样是重要的构成因素。仓储功能包括了对进入物流系统的货物进行堆存、管理、保管、保养、维护等一系列活动
3	包装功能	为使物流过程中的货物完好地运送到用户手中，并满足用户和服务对象的要求，要求对大多数商品进行不同方式、不同程度的包装
4	装卸搬运功能	装卸搬运是随运输和保管而产生的必要物流活动，是对运输、保管、包装、流通加工等物流活动进行衔接的中间环节，以及在保管等活动中为进行检验、维护、保养所进行的装卸活动
5	流通加工功能	在物品从生产领域向消费领域流动的过程中，为了促进产品销售、维护产品质量和实现物流效率化，对物品进行加工处理，使物品发生物理或化学性变化的功能。可以弥补企业、物资部门、商业部门生产过程中加工程度的不足，更有效地满足用户的需求，是物流活动中的一项重要增值服务
6	配送功能	配送可采取物流中心集中库存、共同配货的形式，使用户或服务对象实现零库存，依靠物流中心的准时配送，而无需保持自己的库存或只需保持少量的保险储备，减少物流成本的投入
7	信息服务功能	信息服务功能包括进行与上述各项功能有关的计划、预测、动态（动量、收、发、存数）的情报及有关的费用情报、生产情报、市场情报活动。其作用表现在缩短从接受订货到发货的时间，库存适量化，提高搬运作业效率，提高运输效率等

三、物流设备概述

1．物流设备的概念

物流设备是指进行各项物流活动所需的机电设备、器具等可供长期使用，并在使用中基本保持原有实物形态的物质资料。物流设备不包括建筑物、装卸站台等物流基础设施。

物流设备是物流劳动工具，是物流系统的物质技术基础。不同的物流系统有不同的物流设备与之相匹配，用以完成不同的物流作业。物流设备是物流技术水平高低的主要标志，物流设备的普及程度直接反映着一个国家现代化程度和技术水平。物流设备是现代化物流企业的主要作业工具，是合理组织批量生产和机械化流水作业的基础。对第三方物流企业来说，物流设备又是组织物流活动的物质技术基础，体现着物流企业的能力大小。

物流设备是物流系统中的物质基础，伴随着物流的发展与进步，物流设备不断得到提升与发展。物流设备领域中许多新的设备不断涌现，如四向托盘、高架叉车、自动分拣机、自动导引搬运车（AGV）、集装箱等，极大地减轻了人们的劳动强度，提高了物流运作效率和服务质量，降低了物流成本，在物流作业中起着重要作用，极大地促进了物流的快速发展。反过来，物流业的快速发展对物流设备也提出了更高的要求。

2．物流设备的分类

物流设备是指进行各项物流活动所必需的成套建筑和器物，是指组织实物流通所涉及的各种机电设备、运输工具、仓储设施、站场、电子计算机以及通信设备等。物流设备的功能和类型是根据物流各项活动逐步形成的，按照不同的标准可以进行不同分类。

① 按照物流设备所特有的功能可以分为运输设备、仓储保管设备、装卸搬运设备、流通加工设备、包装设备、信息处理设备等。

② 按照物流设备在物流活动中的相当位置，可分为固定设备和活动设备。固定设备如铁路、公路、桥隧、车站、港口、仓库等建筑物。活动设备如火车、汽车、轮船、移动式装卸搬运设备等。

③ 按照物流设备在物流活动中的服务范围，可分为企业（生产）物流设备和社会（供销）物流设备。企业物流设备是企业固定资产的组成部分，属于企业的自有设备，如企业的运输车辆、铁路专用线、装卸搬运机械、包装机械、仓储建筑等。社会物流设备是为社会物流服务的，属于公用设备，如运输线路、桥隧、车站、港口等。

3. 物流设备的类型

物流设备门类全，型号规格多，品种复杂。一般以物流设备所完成的物流作业为标准，主要的物流设备的类型见表 1.9。

表 1.9　　　　　　　　　　　　　　　物流设备的类型

序　号	类　型	说　明
1	运输设备	运输在物流中的独特地位对运输设备提出了更高的要求，要求运输设备具有高速化、智能化、通用化、大型化和安全可靠的特性，以提高运输的作业效率，降低运输成本，并使运输设备达到最优化利用。根据运输方式的不同，运输设备可分为载货汽车、铁道货车、货船、空运设备和管道设备等。对于第三方物流公司而言，一般只拥有一定数量的载货汽车，而其他的运输设备就直接利用社会的公用运输设备
2	仓储设备	仓储设备主要包括货架、堆垛机、室内搬运车、出入境输送设备、分拣设备、提升机、搬运机器人以及计算机管理和监控系统。这些设备可以组成自动化、半自动化、机械化的商业仓库，来堆放、存取和分拣、承运物品
3	包装设备	包装设备是指完成全部或部分包装过程的机器设备。包装设备是使产品包装实现机械化、自动化的根本保证。主要包括填充设备、罐装设备、封口设备、裹包设备、贴标设备、清洗设备、干燥设备、杀菌设备等
4	装卸搬运设备	装卸搬运设备指用来搬移、升降、装卸和短距离输送物料的设备，是物流机械设备的重要组成部分。从用途和结构特征来看，装卸搬运设备主要包括起重设备、连续运输设备、装卸搬运车辆、专用装卸搬运设备等
5	流通加工设备	流通加工设备主要包括金属加工设备、搅拌混合设备、木材加工设备及其他流通加工设备
6	集装单元器具	集装单元器具主要有集装箱、托盘、周转箱和其他集装单元器具。货物经过集装器具的集装或组合包装后，具有较高的灵活性，随时都处于准备运行的状态，利于实现储存、装卸搬运、运输和包装的一体化，达到物流作业的机械化和标准化
7	信息设备	信息设备是指实现物流信息采集、储存、管理和使用的设备，是实现物流信息化的硬件基础，是信息技术在物流领域中应用的重要保障。物流信息设备形式多样，主要有信息采集、处理、查询设备，被广泛应用于仓库管理、运输管理、产品目录管理等领域

4. 我国物流设备的发展现状

自 20 世纪 70 年代末以来，我国物流设备有了较快的发展，各种物流运输设备的数量迅速增长，技术性能也日趋现代化，集装箱运输得到了快速发展。随着计算机网络技术在物流活动中的应用，先进的物流设备系统不断涌现，我国目前已具备开发研制大型装卸设备和自动化物流系统的能力。总体而言，我国物流设备的发展现状见表 1.10。

表 1.10 物流设备的发展现状

序 号	现 状	说 明
1	总体数量迅速增加	物流设备的总体数量迅速增加。近年来，我国物流产业发展很快，受到各级政府的极大重视，在这种背景下，物流设备的总体数量迅速增加，如运输设备、仓储设备、配送设备、包装设备、装卸搬运设备（如叉车、起重机等）、物流信息设备等
2	自动程度大幅提高	物流设备的自动化水平和信息化程度得到了一定的提高。以往我们的物流设备基本上是以手工或半机械化为主，工作效率较低。但是，近年来，物流设备在其自动化水平和信息化程度上有了一定的提高，工作效率得到了较大的提高
3	设备系统基本形成	基本形成了物流设备生产、销售和消费系统。以前，经常发生有物流设备需求，但很难找到相应的生产企业，或有物流设备生产却因销售系统不完善、需求不足，导致物流设备的生产无法持续完成等。目前，物流设备的生产、销售、消费系统已经基本形成，国内拥有一批物流设备的专业生产厂家、物流设备销售的专业公司和一批物流设备的消费群体，使得物流设备能够在生产、销售、消费系统中逐步得到改进和发展
4	设备应用广泛实施	物流设备在物流的各个环节都得到了一定的应用。目前，无论是在生产企业的生产、仓储，流通过程的运输、配送，还是在物流中心的包装加工、搬运装卸，物流设备都得到了一定的应用
5	新型设备不断涌现	随着物流各环节分工的不断细化，随着满足顾客需求为宗旨的物流服务需求增加，专业化的新型物流设备和新技术物流设备不断涌现。这些设备多是专门为某一物流环节的物流作业、某一专门商品、某一专门顾客提供的设备，其专业化程度很高

5．我国物流设备发展存在的主要问题

近年来，物流的高速发展使先进的物流设备得到了应用，但从整体上来看我国物流设备的发展并不能满足新世纪全新物流任务的要求，主要表现在以下几个方面。

① 物流基础设施建设多元化投入太少。长期以来我国物流基础设施投入较少，发展比较缓慢。虽然近些年也新建了一些较先进的仓储物流设施，但从总体来看，中低端设施的应用较多，20 世纪 50 年代至 60 年代建造的仓库仍在使用，自动化立体仓库等高端的仓储货架系统还不多见，使用了计算机信息化管理的现代化仓库较少。

② 我国尚处于物流设备发展的起步阶段，既缺少行业标准，又没有行业组织，致使各种物流设备的标准不统一，相互衔接配套差。

③ 物流设备供应商的数量众多，但普遍规模偏小，发展不规范。

④ 物流企业只重视单一设备的质量与选型，没有通盘考虑如何使整个系统达到最优化。

⑤ 绝大多数物流企业仍将价格作为选择物流设备的首要因素，而忽视了对其内在品质与安全指标的考察。

⑥ 部分物流企业对物流设备的作用缺乏足够的认识，在系统规划、设计时带有盲目性，造成使用上的不便或资源的浪费。

⑦ 物流设备的管理并没有被广泛纳入物流管理中，物流设备的使用率不高，设备闲置时间较长。

6．物流设备的发展趋势

随着现代物流的发展，物流设备作为其物质基础表现出的发展趋势见表 1.11。

表 1.11　　　　　　　　　　　　　　　　物流设备的发展趋势

序　号	趋　　势	说　　明
1	大型化和高速化	大型化是指设备的容量、规模、能力越来越大。大型化是实现物流规模效应的基本手段。主要是弥补自身速度很难提高的缺陷而逐渐大型化，包括海运、铁路运输、公路运输。高速化是指设备的运转速度、运行速度、识别速度、运算速度大大加快
2	实用化和轻型化	由于仓储物流设备是在通用的场合使用，工作并不很繁重，因此应好用，易维护、操作，具有耐久性、无故障性和良好的经济性，以及较高的安全性、可靠性和环保性。这类设备批量较大、用途广，考虑综合效益，可降低外形高度、简化结构、降低造价，同时也可减少设备的运行成本
3	专用化和通用化	物流设备专门化是提高物流效率的基础，主要体现在两个方面，一是物流设备的专门化，二是物流方式专门化。 物流设备的专门化是以物流工具为主体的物流对象专门化，如从客货混载到客货分载，出现了专门运输客货物的飞机、轮船、汽车以及专用车辆等设备和设施。运输方式专门化中比较典型的是海运，海运几乎在世界范围内放弃了客运，主要从事货运；管道运输就是为输送特殊货物而发展起来的一种专用运输方式 通用化主要以集装箱运输的发展为代表。国外研制的公路、铁路两用车辆与机车，可直接实现公路铁路运输方式的转换，公路运输采用大型集装箱拖车可运载海运、空运、铁运的所有尺寸的集装箱，还有客货两用飞机、水空两用飞机及正在研究的载客管道运输等。通用化的运输工具为物流系统供应链保持高效率提供了基本保证。通用化设备还可以实现物流作业的快速转换，可极大提高物流作业效率
4	自动化和智能化	将机械技术和电子技术相结合，将先进的微电子技术、电力电子技术、光缆技术、液压技术、模糊控制技术隐蔽功用到机械的驱动和控制系统，实现物流设备的自动化和智能化将是今后的发展方向。例如，大型高效起重机中的新一代电气控制装置将发展为全自动数字化控制系统，可使起重机具有更高的柔性，以提高单机的综合自动化水平，自动化仓库中的送取货小车、智能式搬运车 AHV、公路运输智能交通系统（ITS）的开发和应用已引起各国的广泛重视。此外，卫星通信技术及计算机、网络等多项高新技术结合起来的物流车辆管理技术正在逐渐被应用
5	成套化和系统化	只有当组成物流系统的设备成套、匹配时，物流系统才是最有效、最经济的。在物流设备单机自动化的基础上，通过计算机把各种物流设备组成一个集成系统，通过中央控制室的控制，与物流系统协调配合，形成不同机种的最佳匹配和组合，将会取长补短，发挥最佳效用。为此，成套化和系统化物流设备具有广阔发展前景，以后将重点发展的有工厂生产搬运自动化系统、货物配送集散系统、集装箱装卸搬运系统、货物自动分拣与搬运系统等
6	"绿色化"	"绿色"就是要达到环保要求，这涉及两个方面：一是与牵引动力的发展以及制造、辅助材料等有关，二是与使用因素有关。对于牵引力的发展，一要提高牵引动力，二要有效利用能源，减少污染排放，使用清洁能源及新型动力。对于使用因素，包括对各物流的维护，合理调度，恰当使用等

7. 推进我国物流设备发展的应对措施

借鉴国外物流设备发展的先进经验，结合我国物流发展的实际情况及存在的主要问题，可以用来加快我国物流设备的发展的措施见表 1.12。

表 1.12　　　　　　　　　　　　　推进我国物流设备发展的应对措施

序　号	措　施	说　明
1	加快制订标准	加快物流设备标准化制定工作。物流设备标准化对于提高物流运作效率起着至关重要的作用，统一的标准有利于各种设备之间的相互衔接配套，有利于物流企业之间的业务合作，从而缩短物流的作业时间，提高生产效率，改善物流的服务质量，进而减少物流成本在生产总成本中所占的比重
2	加大投资力度	加大对物流设备的投资力度，注重多元化投资。对物流设备的实际应用情况进行调查研究，注重发展技术含量高的物流设备，有计划地淘汰陈旧落后效率差、安全性能低的物流设备，配置先进物流机械设施，如运输系统中的新型机车、车辆、大型汽车、特种专用车辆，仓储系统中的自动化立体仓库、高层货架，搬运系统中的起重机、叉车、集装箱搬运设备、自动分拣和监测设备等
3	规划市场行为	规范物流设备供应商的经营行为，鼓励其扩大经营规模，提高技术水平和设计能力，从而为物流企业提供更好的物流设备
4	建立评价体系	引导物流企业在选择物流设备时，不仅注重物流设备的价格，还要注重物流设备的质量、安全性能以及对整个系统的作用，结合自身实际需要选择合适的物流设备，使整个系统的效益达到最优
5	注重统筹规划	提高物流企业以及各级政府对物流设备在物流发展中的认识，在进行物流设备系统规划。设计时能通盘考虑，避免出现使用不便和资源浪费的情况
6	提高管理水平	无论是物流企业还是各级政府都要把物流设备的管理纳入物流管理中。物流设备是物流成本的一部分，应重视物流设备的管理和研究，提高物流设备的使用效率，尽量减少物流设备的闲置时间。同时应注重对物流设备安全性能的检测和维修，以减缓物流设备磨损速度，延长其使用寿命，防止物流设备非正常损坏，保障其正常运行

8. 物流设备的选择原则

选择物流设备时，原则上要求技术上先进、经济上合理、生产作业上安全适用、无污染或污染小，具体见表 1.13。

表 1.13　　　　　　　　　　　　　物流设备的选择原则

序　号	原　则	说　明
1	适用性原则	这是针对物流设备是否具有相当的物流能力而言的，包括适应性和实用性。物流企业在选择物流设备时，要充分考虑到物流作业的实际需要，所选的物流设备要符合货物的特性和货量的大小，能够在不同的作业条件下灵活方便地操作。实用性就涉及恰当选择物流设备功能的问题。物流设备并不是功能越多越好，因为在实际作业中，并不需要太多的功能，如果物流设备不能被充分利用，则造成资源和资金的浪费。同样，功能太少也会导致物流企业的低效率。因此，要根据实际情况，恰当选择物流设备的功能

续表

序　号	原　则	说　明
2	先进性原则	这里的先进性主要是指物流设备技术的先进性，主要体现在自动化程度、环境保护、操作条件等方面。但是先进性必须服务于适用性，尤其是要有实用性，来取得经济效益的最大化
3	经济性原则	这主要指的是物流设备的使用费用低，整个使用寿命周期的成本低。有时候，先进性和低成本会发生冲突，这就需要物流企业在充分考虑适用性的基础上，进行权衡，做出合理选择
4	可靠性和安全性原则	可靠性和安全性日益成为选择物流设备、衡量物流设备好坏的主要因素。可靠性是指物流设备按要求完成规定功能的能力，是物流设备的功能在时间上的稳定性和保持性。但是可靠性不是越高越好，必须考虑到成本问题。安全性要求物流设备在使用过程中保证人身及货物的安全，并且尽可能地不危害到环境（符合环保要求，噪声小，污染小）

9. 物流设备的选购方法

物流设备选购关键看"什么设备最适合我的作业需求？"所以一定要从自身实际出发。此外，要选择有实力的公司，具体见表 1.14。

表 1.14　　　　　　　　　　　物流设备选购方法

序　号	趋　势	说　明
1	详细说明物流设备必须履行的功能服务于作业目标	所选的物流设备是做什么的？这个问题至关重要，这也是所有物流管理者在开始确定物流设备方案前必须准确回答的问题。缺乏对作业需求的充分说明和物流设备应该具备的最佳能力的描述，将会导致所选的物流设备不匹配的后果。为了更清楚地描述设备需求，建议采取作业分析工具。在作业结构化分析的基础上，相关作业和各作业模块之间的物流量将更容易描述和计算，也更方便把握各作业中的物流设备需求描述
2	准备详细的设备方案来满足已确定的作业要求	在设备规划过程中，其目的不是确定物流设备的详细规格，而是确定设备的一般分类。例如，货架设备，首先要制订的设备方案是以托盘货架，或者是悬臂式货架为分类依据；然后，在设备规划与选择过程中的第四和第五个步骤中，再制订更详细的规格形式，如是镀锌还是表面喷塑工艺。有一点不得不提醒各位同仁，设备方案的制订工作，说起来容易做起来难。平时必须注意关于各项物流设备知识的积累。对于比较复杂的系统需求，借助专业的物流规划顾问是世界范围内的通行做法
3	定量（经济评估）与定性分析相结合	对于设备方案的经济评估，首先是成本计算。通常，成本分两类：投资成本和年运行成本。最普遍的投资成本是设备的采购费用。年运行成本是使用设备过程中不断发生的费用。典型的年运行成本项目包含物流作业人员的工资、设备的维护费用、税和保险费等。一旦设备方案的相应使用寿命周期成本计算完毕，就应该计算设备方案的现值。折旧、税赋计算和企业所得税是经济分析的重要方面。定性因素确定后，需要将所有因素按重要程序赋予权数。然后，针对不同方案进行打分
4	选择物流设备和供货商	选定后，接下来的工作是说明所需物流设备的详细规格。通常这个阶段的重要工作是说明设备需求的详细规格及接触供应商，详细咨询供应商资质及对设备的说明。物流设备规划过程的最后步骤是准备设备/系统招标书。这方面的具体操作方法在此不再赘述

项目考核评价

以学生个人为单位实行考核。

	绘制配送中心的布局图			讨论物流设备功能与选型原则			得　　分
	自评	同学评	教师评	自评	同学评	教师评	
学生 1							
学生 2							
学生 3							
学生 4							
学生 5							

说明：

1．每个人的总分为 100 分

2．每人每项为 50 分制，计分标准为：不会绘图和参与讨论计 1～15 分，基本不会绘图和参与讨论计 16～30 分，绘图和参与讨论较好计 31～40 分，绘图和参与讨论很好计 41～50 分

3．采用分层打分制，建议权重计为：自评分占 0.2，同学评分占 0.3，教师评分占 0.5，然后加权算出每位同学在本项目中的综合成绩

项目二　运输设备的管理

　　现代的交通运输主要包括铁路、公路、水路、航空和管道五种运输方式及轨道运输。这些运输方式各有其不同的技术经济特征与使用范围。随着科学技术的进步和社会需求的变化，各种运输方式的技术装备和组织工作不断更新，技术经济性能和使用范围也在不断变化，新型交通运输设备不断产生。

项目描述

学 习 目 标	器 材 工 具	教 学 建 议	课 时 计 划
① 了解运输方式的概念、特点 ② 认识并掌握每种运输方式的主要设备类型 ③ 在学习中培养学生的团队精神	① 各种运输方式设备系统的图片 ② 各种运输方式的作业短片 ③ 中国地图	条件允许时，尽量在理论实践一体化教室或实训室和多媒体教室中实施教学	计划 10 学时，其中理论教学 4 学时，讨论或观摩 4 学时，项目考核 2 学时

项目任务

　　组织学生讨论不同种类货物的特点，从不同角度对比不同运输方法的优劣。其操作应涉及如下工作环节：

　　（1）分析煤炭运输的特点；

　　（2）分析山西煤炭向北京和广州运输的特点，制订合理的方案；

　　（3）分析海鲜运输的特点；

　　（4）分析广州海鲜向贵阳和北京运输的特点，制订合理的方案。

项目导学

图　　示	说　　明
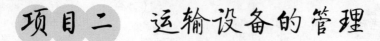 公路运输设备	公路运输是指利用一定的载运工具（人力车、畜力车、拖拉机、汽车等）沿公路（一般土路、有路面铺装的道路、高速公路）实现旅客或货物空间位移的过程。现代公路运输主要指汽车运输 公路运输的设备和设施，主要包括有公路线路、站场、城市道路、汽车等

图　示	说　明
 铁路运输设备	铁路运输是使用铁路列车运送客货的一种运输方式。铁路运输主要承担长距离、大数量的货运，是在干线运输中起主力运输作用的运输形式 铁路运输的设备和设施，包括铁路线路、铁路机车、铁路车辆、车站、铁路信号和通信设备等
 轨道运输设备	轨道运输，即轨道交通运输，是利用轨道交通设施和设备运送旅客与货物的运输方式。目前，特指国家铁路以外的城市地上、地下、轻型轨道运输、有轨电车和磁悬浮列车等运输形式 城市轨道交通系统的设备和设施，包括车辆、车站、线路、列车、控制以及通信信号系统等；城市轨道交通有很多形式，按构造分为铁路、地铁、单轨、导向轨道交通、磁悬浮
 水路运输设备	水路运输是利用船舶、排筏和其他浮运工具，在江、河、湖泊、人工水道以及海洋上运送旅客和货物的一种运输方式 水路运输是综合交通运输体系的重要组成部分，水路运输的设备和设施主要指船舶、港口及其附属设施
 航空运输的设备	航空运输是指利用航空器（主要指飞机）及航空港进行空中客、货运输的一种运输方式 航空运输的设备和设施包括飞机、机场、空中交通管理系统和飞行航线四个部分。这四个部分有机结合，分工协作，共同完成航空运输的各项业务活动
 管道运输的设备	管道运输（Pipeline Transport）是用管道作为运输工具的一种长距离输送液体和气体物资的运输方式，是一种专门由生产地向市场输送石油、煤和化学产品的运输方式，是统一运输网中干线运输的特殊组成部分 管道运输的设备和设施类型有水力管道、风动管道、集装胶囊管道和管道旅客运输系统，但应用最广泛的仍主要是液体输油管道及输气管道

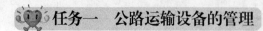

任务一　公路运输设备的管理

一、公路运输的认知

广义的公路运输是指利用一定的载运工具（人力车、畜力车、拖拉机、汽车等）沿公路（一般土路、有路面铺装的道路、高速公路）实现旅客或货物空间位移的过程。由于汽车已成为现代公路运输的主要载运工具，因此，狭义公路运输是专指现代的汽车运输。

公路运输的特点见表 2.1。

表 2.1　　　　　　　　　　　　　公路运输的特点

序　号	特　点	说　明
1	机动灵活，适应性强	由于公路运输网一般比铁路、水路运输网的密度要大十几倍，分布面也广，因此车辆可以"无处不到、无时不有"。公路运输在时间方面的机动性也比较大，汽车可随时调度、装运，各环节之间的衔接时间较短。尤其是公路运输对客、货运量的多少具有很强的适应性，汽车的载重吨位有小（0.25～1t）有大（200～300t），既可以单个车辆独立运输，也可以由若干车辆组成车队同时运输，这一点对抢险、救灾工作和军事运输具有特别重要的意义
2	可实现"门到门"直达运输	由于汽车的体积较小，中途一般也不需要换装，除了可沿分布较广的路网运行外，还可离开路网深入到工厂企业、农村田间、城市居民住宅等地，即可以把旅客和货物从始发地门口直接运送到目的地门口，实现"门到门"直达运输。这是其他运输方式无法与公路运输比拟的特点之一
3	在中、短途运输中，运送速度较快	在中、短途运输中，由于公路运输可以实现"门到门"直达运输，中途不需要倒运、转乘就可以直接将客货送达目的地，因此，与其他运输方式相比，其客、货在途时间较短，其运送速度较快
4	原始投资少，资金周转快	公路运输与铁、水、航运输方式相比，所需固定设施简单，车辆购置费用一般也比较低，因此，投资兴办容易，投资回收期短。据有关资料表明，在正常经营情况下，公路运输的投资每年可周转 1～3 次，而铁路运输则需要 3～4 年才能周转一次
5	掌握车辆驾驶技术较易	与火车司机或飞机驾驶员的培训要求对比来说，汽车的驾驶技术比较容易掌握，对驾驶员的各方面素质要求相对也比较低
6	运量较小，运输成本较高	目前，世界上最大的汽车是美国通用汽车公司生产的矿用自卸车，长 20 多米，自重 610t，载重 350t 左右，但仍比火车、轮船少得多；由于汽车的载重量小，行驶阻力比铁路大 9～14 倍，所消耗的燃料又是价格较高的液体汽油或柴油，因此，除了航空运输，就数汽车运输的成本最高了
7	运行持续性较差	据有关统计资料表明，在各种现代运输方式中，公路的平均运距是最短的，运行持续性较差。如我国 1998 年公路平均运距客运为 55km，货运为 57km，铁路客运为 395km，货运为 764km
8	安全性较低，污染环境较大	据历史记载，自汽车诞生以来，已经夺走了 3000 多万人的生命，特别是 20 世纪 90 年代开始，死于汽车交通事故的人数急剧增加，平均每年达 50 多万。这个数字超过了艾滋病、战争和结核病人每年的死亡人数。汽车所排出的尾气和引起的噪声也严重地威胁着人类的健康，是大城市环境污染的最大污染源之一

二、公路运输设备的类型

公路运输设备，主要包括公路线路、站场、城市道路、汽车等。

1.公路线路

公路是一种线形工程构造物，主要由路基、路面、桥梁、隧道、涵洞等基本构造物和其他辅助构造物及设施组成。公路线路组成见表2.2。

表2.2 公路线路组成

名 称	图 示	特 性
公路路基	公路路基截面	路基是路面的基础，并与路面共同承受车辆荷载，同时抵御地表各种自然因素的危害。路基宽度与公路横向的路幅宽度相同，而路幅宽度为中间的路面宽度与两侧的路肩宽度之和。路基根据横断面的不同可分为路堤、路堑和半堤半堑三种基本形式。为了满足车辆和行人的通行要求，公路路基必须坚固和稳定。因此，在公路选线时应考虑路基的坚固；合理地设计路基的形状和尺寸；施工时应注意分层填筑、压实；特别是要处理好路基的排水问题
公路路面	公路路面	公路路面是在路基上用坚硬材料铺筑供汽车行使的层状结构物，直接承受车辆的行驶作用力。其一般分为面层、基层、垫层和土基。路面按面层材料的不同，可分为沥青路面、水泥混凝土路面、块料路面和粒料路面。按技术条件及面层类型不同，又分为高级、次高级、中级和低级路面。合理选用和设计路面能显著地降低公路的造价。路面的选用一般应根据公路性的性质、交通量以及充分利用当地材料和结合施工条件等因素确定。为了保证车辆的行驶速度和安全等，公路路面要具有一定的强度、平整度和必要的粗糙度
桥隧与涵洞	公路涵洞 公路桥梁	当公路跨越河流、沟谷，或与铁路、其他公路立体交叉时，需要修建桥梁或涵洞；当线路翻越山岭时，则需修筑隧道。按照有关技术规定，凡单孔跨径小于5m或多孔跨径之和小于8m的称为涵洞大于这一规定值则称为桥梁。桥梁有梁式桥、拱桥、吊桥、刚构桥和斜拉桥之分。公路的隧道一般设置在公路线形的平坡和直线部分，也可设在不设超高的大半径平曲线上。隧道内纵坡度应不小于0.3%，不大于3%，以利于隧道排水和行车安全。较长的公路隧道，还需照明、通风、消防设施及报警等其他应急设施

2．公路站场

公路运输站场是公路运输办理客货运输业务及仓储保管、车辆保养修理以及为用户提供相关服务的场所，是汽车运输企业的生产与技术基地。一般包括客运站、货运站、停车场(库)、保修场（站）、加油站及食宿站等，见表2.3。

表 2.3 公路站场的分类

名　称	图　示	特　性
公路客运站	 公路客运站	公路客运站的主要功能是发售客票、候车服务、调度车辆、组织乘客上下车、行包受理与交付及其他服务性工作等。我国公路运输（汽车）客运站主要是按日旅客发送量（即站务工作量），并结合所在地政治、经济及文化等因素分为四级。日旅客发送量在 7000 人次及其以上的为一级站；3000～7000 人次的为二级站；500～3000 人次的为三级站；500 人次以下的为四级客运站
公路货运站	 公路货运站	公路货运站有时也称汽车站或汽车场，其主要功能包括货物的组织与承运、中转货物的保管、货物的交付、货物的装卸以及运输车辆的停放、保修等 公路货运站又可分为汽车零担站、零担中转站、集装箱货运中转站等。通常汽车货运站比较简单，有的货运站仅有供运输车辆停靠与货物装卸的场地。对于大型的货运站还设有保养场、修理厂、加油站等。零担货运一般是按照年工作量（即零担货物吞吐量）划分等级的，年货物吞吐量在 6 万吨以上的为一级站；在 2～6 万吨的为二级站；在 2 万吨以下的为三级站。零担货运站应主要配备零担站房、仓库、货棚、装卸车场、集装箱堆场、停车场及维修车间、洗车台、材料库等生产辅助设施。集装箱货运中转站应配备拆装库、高站台、拆装箱作业区、业务（商务及调度）用房、装卸机械与车辆等
停车场（库）	 公路停车场（库）	公路停车场（库）的主要功能是停放与保管运输车辆。现代化的大型停车场还具有车辆维修、加油等功能。从建筑性质来看，可以分为暖式车库、冷式车库、车棚和露天停车场等。目前露天停车场在我国较为普遍，尤其是专业运输和公交车辆广泛采用。停车场内的平面布置要方便运输车辆的驶出和进行各类维护作业，多层车库或地下车库还需设有斜道或升降机等，以方便车辆出入

3．城市道路

（1）道路

城市道路是城市中担负城市交通的主要设施，是行人和车辆往来的专用地。

位于城市外围的城镇间道路一般都称为公路，可分为高速公路和一般公路。

城市道路就是城市城区内的道路。根据道路在城市总体布局中的位置和作用可分为四类（国标）：快速路、主干路、次干路（交通性次干道、生活性次干道）和支路。

（2）停车设施

城市停车设施指城市中的社会公共停车设施，见表2.4。

表2.4　　　　　　　　　　　　　城市停车设施种类

序　号	种　类
1	城市进出入口停车设施
2	交通枢纽停车设施
3	大型集散场所停车设施
4	商业服务设施附近的社会公用停车设施
5	生活居住区停车设施
6	路边临时停车带

（3）交通管理设施

城市道路交通管理设施是按照交通组织设计对道路实施交通管理而设置的交通信号设备、交通标志、交通标线、交通隔离物等，见表2.5。

表2.5　　　　　　　　　　　　　交通管理设施分类

名　称	分　类	说　明
交通信号设备	城市道路主、次干道交叉口一般都设置交通信号设备指挥交叉口交通的通行。交叉口交通信号设备包括指挥信号灯、车道信号灯、人行横道信号灯	我国城市现行的信号灯灯制是：红—黄—绿灯制 红灯表示禁止通行；黄灯为腾清交叉口的变行过渡信号，表示只许驶出交叉口，禁止驶入交叉口；绿灯为通行信号。此外还有闪灯信号，预示即将变换色灯
道路交通标志	道路交通标志是用图形、符号、颜色和文字向交通参与者传递特定信息，用于管理交通的设施。我国现行的交通标志分为主标志和辅助标志两大类	主标志有警告标志、禁令标志、指示标志、指路标志、旅游区标志、道路施工安全标志
		辅助标志是设于主标志下起辅助说明的标志，不能单独使用
		按其用途又可分为表示区域、距离、时间、车辆种类、警告禁令理由等，为矩形白底黑字黑边的标志牌，共16种
		用于高速公路、城市快速路的可变信息标志，可及时通告关于速度限制、车道控制、道路状况、交通状况、气象状况等信息的变化
交通标线	由标划于路面上的各种线条、箭头、文字、立面标记和轮廓标等所构成的交通安全设施，共70种。交通标线的作用：管制和引导交通，可以与标志配合使用，也可单独使用。高速公路、一、二级公路，具有4个或4个以上车轮的非轨道无架线的城市快速路，主干路上的交通标线应使用反光材料	交通标线按设置方式的不同可分为：纵向标线，沿道路行车方向设置；横向标线，与道路行车方向成角度设置；其他标线，字符标记或其他形式标线
		交通标线按功能的不同可分为：指示标线、禁止标线、警告标线
		交通标线按型态的不同可分为：线条、字符标记、突起路标、路边线轮廓标
		交通标线的标划有：白色虚线、白色实线、黄色虚线、黄色实线、双白虚线、双黄实线、黄色虚实线、双白实线

4. 汽车

汽车是由自带动力装置驱动，无架线的运载工具。其作为一种陆上交通工具，具有方便、机动、灵活、速度快、适应性强等特点。此外，因其品种多、数量大，在工农业生产和国防建设以及人们日常生活中也不可缺少。

（1）汽车的结构

汽车由发动机、底盘、车身和电气设备构成，见表2.6。

表2.6 汽车的结构

序 号		说 明
发动机	发动机是汽车的动力装置。功能：燃料燃烧后产生动力，然后通过底盘的传动系驱动汽车行驶。由"五系、二大机构"组成：燃油供给系、冷却系、润滑系、点火系、启动系、曲轴连杆机构、配气机构 类型：汽油机和柴油机	汽油机，利用化油器使汽油与空气混合后吸入发动机汽缸内，用电火花强制点燃混合气体使其燃烧后产生热能而做功；优点：转速高（轿车5000~6000r/min、货车4000r/min）、质量小、噪声低、易启动、制造维修费用低。缺点：油消耗量大、排气净化指标差
		柴油机，利用喷油泵使柴油产生高压后由喷油器直接喷入发动机汽缸内并与汽缸内压缩空气混合形成混合气，柴油自燃后产生热能而做功。优点：油耗低（比汽油机低30%）、压缩比高、油价低、污染小。缺点：转速低（2500~3000r/min）、质量大、制造及维修费用高
底盘	底盘是汽车的基础，可以称底盘是汽车的"骨骼"。作用：接受发动机的动力，使汽车产生运动，并保证正常行驶；同时支撑、安装汽车其他各部件、总成。底盘由传动系、行驶系、转向系和制动系等"四大系"组成	传动系，将发动机发出的动力传给驱动车轮。离合器——实现主、从动部分的接合与分离，实现前进、后退或停车（不熄火）。变速器——实现变速与增扭。万向节——调整变速器输出轴与驱动桥输入轴两者之间的角度。驱动桥——改变动力的传递方向。主减速器——降低车速，增加扭矩。差速器——使左右车轮以不同速度旋转
		行驶系，将汽车构成一个整体，支撑汽车的总质量；将传动系传来的扭矩转化为汽车行驶的驱动力；承受并传递路面作用车轮上的各种反力及力矩；减少震动，缓和冲击，保证汽车平顺行驶；与转向系配合，正确控制汽车的行驶方向。类型：轮式、履带式、车轮履带式、跨步式。组成：车架、车桥、车轮和悬架
		转向系，通过驾驶员转动转向盘，根据需要改变汽车行驶方向，并减轻驾驶员的疲劳程度。组成：转向器由方向盘、转向轴、转向传动轴、转向万向节等组成。转向传动机构由转向垂臂、纵拉杆、转向节臂、横拉杆、左右梯形臂等组成
		制动系，根据需要使汽车减速或在最短的距离内停车，以确保行车安全；并保证汽车能可靠停放，不致自动滑溜。安装两套各自独立的系统：行车制动装置（脚制动装置）、驻车制动装置（手制动装置）。制动系由制动踏板、推杆、主缸活塞、制动轮缸、轮缸活塞、制动鼓、摩擦片、制动蹄等组成
车身	安装在底盘车架上，安置驾驶员、旅客或货物。主要包括车身壳体、车门、车窗、车前钣金件、车身内外装饰件、车身附件、座椅以及通风、暖气、冷气、空气调节装置等，载货汽车还包括货箱和其他设备。汽车车身壳体结构型式可分为骨架式、半骨架式和无骨架式三种	
电气设备	电器设备指汽车的电源和电气装置。由电源和用电设备组成。电源供给汽车所需的各种用电设备电能；用电设备包括发动机的启动系以及汽车的照明、信号、仪表等。在强制点火式发动机中还包括发动机的点火系	

（2）货运汽车分类

现行国家标准GB/T 3730.1—2001《汽车和挂车类型的术语和定义》将汽车、挂车和汽车列车并列为三类，汽车又分为两类，一类是乘用车，另一类是商用车，货运车辆属于商用车类，并将货运汽车定义为：主要为载物而设计的装备，能否牵引一挂车均可。货运汽车的分类见表2.7。

表2.7 货运汽车分类

名　称	图　示	说　明
普通货车	 普通货车	在敞开（平板式）或封闭式（厢式）载货空间内载运货物的货车。自卸车一般列入普通货车
多用途货车	 多用途货车	多用途货车主要用于载物，但驾驶员座椅后带有固定或折叠式座椅，可运载 3 人以上的乘客
越野货车	 越野货车	越野货车在其设计上全轮同时驱动，或其几何特征、技术特征和其性能允许在坏路上行驶
全挂牵引车	 全挂牵引车	全挂牵引车是一种牵引杆式挂车的货车，本身可在附属的运输平台上载运货物
专用作业车	 专用作业车	专用作业车包括消防车、救险车、垃圾车等

续表

名　　称	图　　示	说　　明
专用货车	专用货车	专用货车包括罐式车、乘用车运输车、集装箱运输车等

任务二　铁路运输设备的管理

一、铁路运输的认知

铁路运输是使用铁路机车和车辆沿着铁路线路运送客货的一种运输方式。铁路运输主要承担长距离、大数量的货运，是在干线运输中起主力运输作用的运输形式。

铁路运输的优点见表2.8。

表2.8　　　　　　　　　　　　　铁路运输的优点

序　号	优　　点	说　　明
1	受外界因素影响小	铁路运输过程受自然条件限制较小，连续性强，能保证全年运行
2	定时性好	铁路运输都是按照预定的时间表进行的，发车与到达时间相对准确
3	运费低	中长距离运费低廉，铁路单位运输成本低于航空与道路运输，有时还低于内河运输
4	运量大	可以大批量运输，一列火车装运货物2000～3000t，单线单向全年运量可达10000000t以上，双线可达20000000～40000000t
5	运输速度快	铁路运输可以高速运输，在实际运行中一般铁路时速为80～150km，高速铁路的运行时速可达220～275km
6	可靠性强	火车运行比较平稳，安全可靠
7	覆盖范围广	网络遍布全国，可以运往各地
8	节能性好	单位功率所能牵引的货物重量大约比汽车高10倍。铁路货运对空气和地面的污染低于道路及航空运输，每千吨公里消耗标准燃料为汽车运输的1/5～1/11，为民航运输的1/174，但都高于沿海和内河运输

铁路运输的缺点见表2.9。

表2.9　　　　　　　　　　　　　铁路运输的缺点

序　号	名　　称	特　　性
1	不适合短距离运输	采用铁路进行短距离运输，运费昂贵
2	作业形式比较复杂	在不同线路运行时，货车编组、转轨需要时间
3	弹性比较差	铁路的运输弹性差主要体现在运费没有伸缩性，同时体现在只能在固定线路上运行

续表

序 号	名 称	特 性
4	不能实现"门到门"运输	铁路运输车站固定，不能随处停车，不能直接到达货主指定地点，也易导致全过程周期长、货物滞留
5	机动性差	铁路运输属于轨道交通，机动性较差，不适合紧急运输
6	投资太高	单线铁路每公里造价为 100 万～300 万元，复线造价在 400 万～500 万元
7	建设周期长	一条干线要建 5～10 年，而且占地太多，随着人口的增加，将给社会增加更多的负担

近年来是中国铁路历史上发展的最好时期之一。我国铁路投资规模连年递增，投产新线越来越多，铁路建设实现了历史性的大发展，截至 2009 年年底，我国铁路运营里程达到 8.6 万公里，跃居世界第二位。

目前，在建新线规模达到 3.3 万公里，投资规模达到 2.1 万亿元。在建工程项目进展顺利，京沪高速铁路累计完成投资 1224 亿元，为总投资的 56.2%，哈尔滨—大连、上海—南京客运专线线下工程基本完成。北京—石家庄、石家庄—武汉、天津—秦皇岛、广州—深圳、上海—杭州等客运专线和上海—武汉—成都、兰州—重庆等区际大通道项目加快推进。一批重点项目建成投产，宁波—台州—温州、温州—福州、福州—厦门等客运专线相继建成通车，特别是世界上里程最长、时速 350km 的武广高速铁路开通运营，成为中国高速铁路发展史上的又一里程碑。

二、铁路运输设备的类型

铁路运输是利用铁路设施、设备运送旅客和货物的一种运输方式。铁路运输的设备和设施，包括铁路线路、铁路机车、铁路车辆、车站、铁路信号和通信设备等。

1．铁路线路

铁路线路是机车车辆和列车运行的基础，直接承受机车车辆轮对传来的压力。为了保证列车能按规定的最高速度安全、平稳和不间断地运行，使铁路运输部门能够质量良好地完成客货运输，铁路线路必须经常保持完好状态。

铁路线路是由路基、桥隧建筑物和轨道组成的一个整体工程结构。

我国《铁路线路技术管理规程》规定铁路等级应根据在铁路网中的作用、性质和远期的客货运量确定。

我国铁路共分为三个等级，见表 2.10。

表 2.10　　我国铁路线路的等级

等 级	作 用	远期年客货运量
Ⅰ级铁路	在路网中起骨干作用的铁路	≥15Mt
Ⅱ级铁路	（1）在路网中起骨干作用的铁路	≤15Mt
	（2）在路网中起联络、辅助作用的铁路	≥7.5Mt
Ⅲ级铁路	为某一区域服务，具有区域运输性质的铁路	≤7.5Mt

注：（1）远期——指交付运营后第 10 年

（2）年货运量为重车方向，每对旅客列车上下行各按 0.7Mt（Mt:百万吨）年货运量折算

2．铁路机车

机车是铁路运输的基本动力。

铁路是用机车牵引车辆，行驶在铺有钢轨线路的一种现代化运输工具。因此，只有在机车和轨道两种主要设备先后发明，并配合使用时，才揭开铁路史的第一页。

由于铁路车辆都不具备动力装置，需要把客车或货车连挂成列，由机车牵引沿着钢轨运行。在车站上，车辆的转线以及货场取送车辆等各项调车作业，也要由机车完成。因此，必须保证提供足够数量的牵引性能良好的机车；还必须加强对机车的保养与检修工作，以及对机车的运用进行合理的组织。

目前运行的铁路机车，主要有内燃机车与电力机车两大类，其特性见表2.11。

表2.11　　　　　　　　　　　我国铁路机车的特性

序　号	种　　类	特　　性
1	内燃机车	内燃机车是以内燃机作为原动力的一种机车。内燃机车的热效率可达到30%左右，是各类机车中效率较高的一种。机车的整备时间短，持续工作的时间长，适用于长交路；用水量少，适用于缺水地区；初期投资比电力机车少，而且机车乘务员劳动条件较好，便于多机牵引。但内燃机车最大的缺点是对大气和环境有污染
		铁路上采用的内燃机车绝大多数是柴油机。在内燃机车上，柴油机和机车动轮之间都装有传动装置，柴油机的功率是通过传动装置传递到动轮上去的，而不是由柴油机直接驱动动轮的，其原因就在于柴油机的特性不能满足机车牵引性能的要求
		内燃机车按传动方式不同，可分为电力传动内燃机车、液力传动内燃机车两种
2	电力机车	电力机车的牵引力是电能，但机车本身没有原动力，而是依靠外部供电系统供应电力，通过机车上的牵引电动机驱动机车运行
		采用电力机车牵引的铁道称为电气化铁道。电气化铁道由牵引供电系统和电力机车两部分组成
		从世界各国铁路牵引力的发展来看，电力机车是被公认为有发展前途的一种机车。在运营上有良好的经济效果，如可制成大功率机车，运输能力大；启动快，速度高，爬坡性能好；不污染空气，劳动条件好；运营费用低；可利用多种能源

3．铁路车辆

铁路车辆是运送旅客和货物的工具。

（1）铁路车辆的构成

多年来，由于不同的目的、用途及运用条件，使车辆形成了许多类型，但其构造基本相同，见表2.12。

表2.12　　　　　　　　　　　铁路车辆的构成

序　号	名　　称	特　　性
1	车体	既是容纳运输对象的地方，又是安装与连接其他组成部分的基础
2	车底架	承托车体的矩形构架，是车体的基础
3	走行部	承受车辆自重和载重并引导车辆沿轨道行驶的部分。走行部大多采用转向架结构形式，以保证车辆的运行质量

续表

序 号	名 称	特 性
4	车钩缓冲装置	由车钩及缓冲器等部件组成，装在车底架两端，其作用是将机车车辆连挂到一起，并传递纵向牵引力和冲击力，缓和机车车辆间的动力
5	制动装置	是保证列车安全运行的最重要部分，使高速运行中的车辆能于规定距离内停车或减速。制动装置一般包括空气制动机、手制动机（脚制动机）和基础制动装置部分
6	车辆内部设备	主要指客车上为旅客旅行所提供的设备。如客车上的座席、卧铺、行李架、给水、取暖、空调、通风、车电等装置。货车由于类型不同，内部设备也因此千差万别，但一般较为简单

（2）铁路货车车辆的类别

铁路货车类型较多，随所装货物种类的不同而具有不同的车体，又可分为通用货车和专用货车。如敞车（C）、棚车（P）、平车（N）、罐车（G）、冷藏车（B）等称为通用货车；只适用于装一种或少数几种性质相近货物的，如矿石车（K）、水泥车（U）、活鱼车（H）、特种车（T）、长大货物（D）等称为专用货车，见表2.13。

表 2.13　　　　　　　　　　　铁路货车车辆的类别

名 称	图 示	特 性
敞车	铁路敞车	所谓敞车是指具有端壁、侧壁、地板而无车顶，向上敞开的货车，主要供运送煤炭、矿石、矿建物资、木材、钢材等大宗货物用，也可用来送送质量不大的机械设备。若在所装运的货物上蒙盖防水帆布或其他遮篷物后，可代替棚车承运怕雨淋的货物
棚车	铁路棚车	棚车是有侧墙、端墙、地板和车顶，在侧墙上开有滑门和通风窗的铁路货车。用以装运贵重和怕日晒雨淋的货物。有的在车内安装火炉、烟囱、床板等，必要时也可运送人员和牲畜
平车	铁路平车	平车主要用于运送钢材、木材、汽车、机械设备等体积或质量较大的货物，也可借助集装箱送送其他货物。平车还能适应国防需要，装载各种军用装备。装有活动墙板的平车也可用来装运矿石、沙土、石渣等散粒货物。中国铁路的平车约占货车总数的 12%。平车因没有固定的侧壁和端壁，故作用在车上的垂直载荷和纵向载荷完全由底架的各梁承担，是典型的底架承载结构

续表

名　称	图　示	特　性
罐车	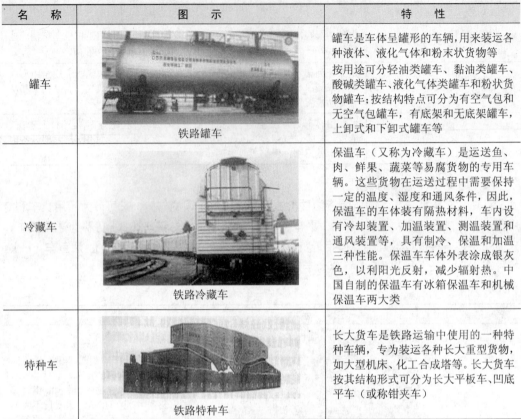 铁路罐车	罐车是车体呈罐形的车辆,用来装运各种液体、液化气体和粉末状货物等 按用途可分为轻油类罐车、黏油类罐车、酸碱类罐车、液化气体类罐车和粉状货物罐车;按结构特点可分为有空气包和无空气包罐车,有底架和无底架罐车,上卸式和下卸式罐车等
冷藏车	铁路冷藏车	保温车(又称为冷藏车)是运送鱼、肉、鲜果、蔬菜等易腐货物的专用车辆。这些货物在运送过程中需要保持一定的温度、湿度和通风条件,因此,保温车的车体装有隔热材料,车内设有冷却装置、加温装置、测温装置和通风装置等,具有制冷、保温和加温三种性能。保温车车体外表涂成银灰色,以利阳光反射,减少辐射热。中国自制的保温车有冰箱保温车和机械保温车两大类
特种车	铁路特种车	长大货车是铁路运输中使用的一种特种车辆,专为装运各种长大重型货物,如大型机床、化工合成塔等。长大货车按其结构形式可分为长大平板车、凹底平车(或称钳夹车)

4. 车站

车站既是铁路办理客、货运输的基地,又是铁路系统的一个基层生产单位。在车站上,除办理旅客和货物运输的各项作业外,还办理和列车运行有关的各项工作。为了完成上述作业,车站上设有客货运输设备及与列车运行有关的各项技术设备,还配备了客运、货运、行车、装卸等方面的工作人员。

车站按任务量和在国家政治、经济中的地位不同分为特等站、一等站、二等站、三等站、四等站、五等站;全国共有五千多个车站。按技术作业分为中间站、区段站、编组站。按业务性质分为:客运站、货运站、客货运站。

5. 信号与通信设备

铁路信号设备是铁路信号、联锁设备、闭塞设备的总称。铁路信号技术的发展应逐步实现微机化、综合化、集成化和智能化。通信设备是指挥列车运行、组织运输生产及进行公务联络等的重要工具,应能做到迅速、准确、安全、可靠,使全国铁路的通信系统能成为一个完善的先进的铁路通信网。通信技术要由模拟向数字化,实现程控数字交换,发展宽频带信息传输和智能网络管理。

这些信号与通信设备的使用,能够保证列车运行和调车工作安全,提高铁路的通过能力,增加铁路运输经济效益,改善铁路职工劳动条件,确保正确、及时组织铁路运输,指挥列车安全运行,确保铁路各部门联系。

任务三 轨道运输设备的管理

一、轨道运输的认知

轨道运输，即轨道交通运输，是利用轨道交通设施和设备运送旅客与货物的运输方式。目前，特指国家铁路以外的城市地上、地下、轻型轨道运输、有轨电车和磁悬浮列车等运输。

世界上最早的地铁是 1863 年 1 月 10 日在伦敦开通的一段 6km 长的线路。列车由蒸汽机车驱动，通风也很成问题，这条线路被人们称为"地沟铁路"。不过它运营几年后就电气化了。目前，伦敦已经建成了由 12 条线路组成、总长超过 400 km 的现代化城市轨道交通系统。

亚洲最早的地铁是日本东京 1927 年 12 月开通的浅草—涩谷线。目前，日本有 11 个城市拥有城市轨道交通系统，东京 50km 圈内的轨道交通系统总长达 2355km，其中，高架铁路 1985km，地铁及线性地铁 273km。

我国最早的地铁是 1969 年建设的北京地铁。天津（1984）、上海（1995）、广州（1997）陆续建设了地铁，我国香港的第一条地铁建成于 1975 年。到 2001 年年底，已有 10 多个城市建成和正在建设轨道交通系统。

截至 2008 年年底，内地 10 座城市已建成运营的 30 条城市轨道交通线路运营里程已达 813.7km。其他在建的城市有杭州、西安、成都、苏州、沈阳等，另外还有 27 个城市正在筹建城市轨道交通。目前城市轨道交通发展最快的京、沪、穗三地的运营里程都已突破百公里，其中，运营里程最长的上海已达 235km 左右，北京达 198km，广州超过 117km。大连、天津以 70～90km 的规模紧随其后。

二、轨道运输设备的类型

城市轨道交通系统的设备包括车辆、车站、线路、列车、控制以及通信信号系统等；设备的协同工作是为用户提供满意服务的保证。城市轨道按能力分为市郊铁路（Suburbs Rail）、地铁（Subway）、轻轨（Light Rail Transit）、有轨电车（Trolley Bus）。

城市轨道交通有很多形式，按构造分为铁路、地铁、单轨、导向轨道交通、磁悬浮。北美轨道交通系统则分为：快速轨道交通（RRT）、轻轨交通（LRT）、通勤铁路（CR）、自动导向系统（AGT）。

轨道运输设备系统见表 2.14。

表 2.14 轨道运输设备类型

名　　称	图　　示	特　　性
铁路系统	 城市铁路	主要服务于城市间客货运输，早期的铁路由蒸汽驱动的机车牵引，现代铁路则主要有电力和内燃两种机车牵引形式，电力牵引采用高压交流供电方式 目前，铁路主要是沟通城市边缘与远郊区的手段。由于服务于人口密度相对稀疏的郊区，站间距比较大，使得列车的运行速度可以提高许多。目前城市间高

续表

名　称	图　示	特　性
	 城市列车	速铁路的商业速度已达到 250km/h以上，一般地，市郊铁路线路的最高速度可以达到100km/h以上。市郊铁路主要为通勤者提供运输服务，故有时也称通勤铁路或地区铁路
地铁系统	 φ5.8m　　圆形隧道例 φ4.0m～4.3m 3.625mm　4.005mm　3.145mm 地铁列车　　线性电机地铁列车 地铁系统	地铁系统是为土地紧张的城市中心区提供的一种交通形式，每小时单向最大运送能力可达 5 万人次以上。地铁建设投资大，周期长。现代地铁的牵引多采用电力驱动的动车组方式，供电方式多为直流。各国地铁系统的建设标准不完全相同 日本还建设了另一种小断面地铁，即线性地铁。特点：断面较一般地铁要小，可降低建设成本，此外，它可以采用较小的曲线半径和较大的坡道，也可高架，维护较易，目前在日本已有几条线路建成投产。线性地铁能力略低于一般地铁系统
轻轨系统	 轻轨系统	目前各国采用较多的是形式比较灵活的城市轻轨运输系统（Light Rail Transit 或 Light Rapid Transit）。轻轨系统的雏形是城市有轨电车，后者由于与道路交通间的冲突而被淘汰和改造为与道路交通具有一定程度隔离的轻轨系统。一般地，轻轨要求有至少40%的股道与道路完全隔离，以避免拥挤，这也是其区别于有轨电车之处。轻轨运输系统可以在地面、地下或高架建设，其最大运送能力根据列车编组确定，每列车两节编组时每小时单向能力可达 13500 人
单轨系统	 单轨跨座列车	最早的单轨系统一般可以追溯到 1821年的英国人 Palmer 开发单轨所获得的发明专利。世界上第一条单轨运输线路是 1824 年在伦敦船坞修建的木轨线路，比蒸汽铁路还早，不过是用马来牵引的。1888 年，法国人在爱尔兰铺设的、长约15km的跨座式独轨蒸汽铁路可以被认为是单轨铁路的先驱，它也是有动力单轨铁路走向实用的标志。1893 年，德国人 Langen 发明了悬挂式单轨车辆。1901 年，一条 13.3km的悬挂式单轨铁路投入运营，它也是利用街道上空建设单轨铁路的开始

续表

名　称	图　示	特　性
	单轨悬挂列车	现代单轨系统有跨座式和悬挂式两种类型。单轨铁路一般使用道路上部空间，故土地占用较少。大多数单轨系统采用橡胶轮胎，可以适应急弯及大坡度，对复杂地形有较好的适应性，从而减少拆迁量。同时，单轨系统建设工期较短，投资也小于地铁系统。单轨系统每小时的单向最大运送能力在8400～25200人，适用于对速度和运输需求较低的场合
自动导向系统	自动导向系统	自动导向系统（Automatic Guideway Transit）是一种通过非驱动的专用轨道引导列车运行的轨道交通。在日本，较早的AGT系统是1981年开通的两条线路：一是神户新交通公司开通的三宫—中公园线路，全长6.4km；二是大阪市住之江公园—中埠头间的6.6km线路

任务四　水路运输设备的管理

一、水路运输的认知

水路运输是利用船舶、排筏和其他浮运工具，在江、河、湖泊、人工水道以及海洋上运送旅客和货物的一种运输方式。

水上运输既是一种古老的运输方式，也是一种现代化的运输方式。在铁路、航空出现以前，水上运输同以人力、畜力为动力的陆上运输方式相比，无论运输能力、运输成本和方便程度等各个方面都处于优越地位。在历史上，水运的发展对工业的布局带来很大的影响。此外，海洋运输还具有其独特的地位，由于地理因素的关系（大陆被海洋分隔），海洋运输是沟通联系各个国家和地区的主要运输方式，尤其是在大力发展对外贸易过程中，它的主导作用几乎是无可代替的。

水路运输按其航行的区域，大体上可划分为沿海、远洋、内河运输三种形式，见表2.15。

表2.15　　　　　　　　　　　　　　　　水路运输分类

序　号	名　称	特　性
1	沿海运输	沿海运输是指利用船舶在我国沿海区域各地之间的运输
2	远洋运输	远洋运输通常是指除沿海运输以外所有的海上运输
3	内河运输	内河运输是指利用船舶、排筏和其他浮运工具，在江河、湖泊、水库及人工水道上从事的运输

由于水运主要利用江、河、湖泊和海洋的"天然航道"来进行，并可以利用其天然的有利条件，实现大吨位、长距离的运输，因此，水路运输的特点见表2.16。

表2.16   水路运输的特点

序 号	名 称	特 性
1	运输能力大	水路运输的运量大，成本低，非常适合于大宗货物的运输
2	运输成本低	水路航道四通八达，通航能力几乎不受限制，而且投资少
3	续航能力强	水路运输是开展国际贸易的主要方式，是对外发展经济和友好往来的主要交通工具
4	受自然条件影响大	与其他运输方式相比，水路运输的速度较慢，受自然气候和条件的影响较大

二、水路运输设备的类型

水路运输是综合交通运输体系的重要组成部分，水路运输设备主要指船舶、港口及其附属设施。

1．船舶

运输船舶是指载运旅客和货物的船舶，通常又称为商船。在几千年的船舶发展史中，大致经历了舟筏、木帆及蒸汽机船三个阶段，目前正处于以柴油机为主要动力的钢船时代。随着世界经济的发展，现代运输船舶以形成了种类繁多、技术复杂及高度专业化的运输船舶体系。船舶的种类若按用途来分主要分为客船和货船。

（1）客船

客船是专门用于载运旅客及其行李和邮件的运输船舶；而以载运旅客为主，兼运一定数量货物的运输船舶称为客货船。客船必须具有良好的航行性能，并为旅客提供舒适的居住和生活条件，如大型国际客船设有影剧院、花园、咖啡馆、图书馆、医院、理发厅、百货商场和银行等，还设有供旅客体育活动使用的游泳池、球场、健身房、运动场等。因此，客船一般有较大的甲板面积和舱室面积，其长度比一般同吨位货船为长，上层建筑庞大，甲板层数较多，一般约有 8~9 层，最多可达十几层。为保证旅客安全，客船应具有良好的稳性、抗沉性，且船体结构必须设置双层底，同时还应设有足够数量的消防、通信、救生等设备；客船一般有较高的航速和较大的功率储备；为改善船舶操纵性，客船通常采用双螺旋桨推进，以便其中一个推进器发生故障时，另一个推进器仍能保证船舶继续航行。

客船的类型见表2.17。

表2.17   客船的类型

名 称	图 示	特 性
海洋客船	海洋客船	海洋客船主要包括远洋、近海与沿海几种形式。这类船舶一般吨位大、航速高、设备齐全。在航空运输兴起之前，国际邮件主要靠这类船舶输送，故又称为邮船。远洋客船的吨位一般在 2~3 万吨，最大的可达 7 万吨（均为重量吨）；航速较高，为 29 节左右，最高可达 36 节。近海、沿海客船的吨位在 1 万吨左右，航速为 18~20 节

续表

名　　称	图　　示	特　　性
旅游船	 旅游船	旅游船在 20 世纪 60 年代兴起，供旅游者旅行、游览之用。其船型与海洋客船相似，但吨位较小。船上设备齐全，能为旅客提供疗养、娱乐、智力开发等综合服务
内河客船	 内河客船	内河客船是指运行在江河湖泊上的客船。其载客量较小，速度较低，设备也比海洋客船简单
车客渡船	 车客渡船	车客渡船是在 20 世纪 60 年代以后兴起的船种。除载客外，还能同时载运一定数量的旅客自备汽车。这种客船在船舯或船艉设置跳板，以供旅客自备的小型客车驶进船上的车库
小型高速客船	 水翼船	水翼船是指船体下装有水翼、航行时靠水翼产生的升力支持船体全部或部分升离水面而高速航行的船舶。目前，水翼船的航速可达 40～60 节，排水量约在 100～300t，最多可设有 300 个客位
	 气垫船	气垫船利用高压空气在船底与水面间形成气垫，使船体部分或全部垫升而实现高速航行的船舶。工作时，行用大功率鼓风机将空气压入船底下的围蔽空间，由船底周围的气封装置限制其逸出而形成气垫，托起船体从而使船舶高速航行。其缺点是耐波性较差，在风浪中航行失速较大。目前，气垫船的航速约在 60～100 节，最大可达 130 节，客位为 100～200 个

（2）货船

货船是专门运输各种货物的船只。货船的分类见表 2.18。

表 2.18　　　　　　　　　　　　　　货船的分类

名　　称	图　　示	特　　性
杂货船	 杂货船	杂货船是装载一般包装、袋装、箱装和桶装的普通货物船。杂货船在运输船中占有较大比重
散货船	 散货船	散货船是专门用来装运煤、矿砂、盐、谷物等散装货物的船舶，与杂货船不同的是其运输的货物品种单一、货源充足、装载量大。依照不同的散货品种，装卸时可采用大抓斗、吸粮机、装煤机、带式输送机等专门的机械。不像杂货船那样装的是包装或箱装等杂货，散货船所装货物规格大小不一，理货时间长，运输效率低。因此，散货船比杂货船的运输效率高、装卸速度快。散货船的特点是：驾驶室和机舱都设在尾部；货舱口比杂货船的货舱口大；内底板和舷侧用斜边板连接，使货物能顺利地向舱中央集中；有较多的压载水舱，作为空载返航时压载之用。散货船都为单甲板船，甲板下面两舷与舱口边做成倾斜的顶边舱，它可以限制散货向左右两舷移动，防止破坏船的稳定性
集装箱船	 集装箱船	集装箱船是用来专门装运规格统一的标准货箱的船舶。各种货物在装船前已装入标准货箱内，然后再装船，在装、卸过程中不再出现单件货物，便于装卸。由于集装箱运输提高了运输效率，减轻了劳动强度，加速了车船周转，加快了货物送达，减少了营运费用，降低了运输成本，因此，集装箱船在近几十年来发展得很快。集装箱船具有瘦长型的外形，为了减少风浪影响，一般都采用球鼻首船型。上甲板平直，货舱口成双列或三列。集装箱的装卸通常是由岸上起重机进行的，因此，绝大多数集装箱船上不设起货设备。集装箱船的机舱设在尾部或中部偏后。集装箱船按装载情况来分有三大类：全集装箱船、半集装箱船、兼用集装箱船

续表

名　称	图　示	特　性
油船	油船	油船是专门运载石油类液货的船只。油船在外形上和布置上很容易与一般的干货船区别开来。油船上层建筑和机舱设在尾部，上甲板纵中部位，布置纵通全船的输油管和步桥。石油分别装在各个密封的油舱内，油船在装卸石油时是用油泵和输油管输送的，因此它不需要起货吊杆和起货机，甲板上也不需要大的货舱开口。油船各油舱内装有蒸汽加热管路，当温度低时石油的黏度增加，不容易流动，有了加温舱内的加热管，就可使石油流动，便于装卸。油船的机舱多设在尾部，这样可以避免浆轴通过油舱时可能引起的轴隧漏油和挥发出可燃气体引起爆炸的危险。此外，机舱设在尾部，烟囱排烟时带出的火星向后吹走，不致落入油舱的通气管内而引起火灾
冷藏船	冷藏船	冷藏船是使鱼、肉、水果、蔬菜等易腐食品处于冻结状态或某种低温条件下进行载运的专用运输船舶。冷藏船上设置有制冷装置，根据货物所需要温度，制冷装置一般可控制冷藏舱温度为 15～20℃

2．港口

港口是水运生产的一个重要环节。船舶的装卸、补给、修理工作和船员的修整等都在港口进行。因此，港口是水运工作的关键所在。不论河港或海港，其最基本的功能就是为船舶进行装卸搬运工作（见图 2.1）。

图 2.1　上海港

注：上海港位于长江入海口，现有泊位 286 个，年货物吞吐量 1.6 亿吨，
　　是世界十大集装箱港口之一，也是中国大陆最大的国际通商口岸。

33

（1）按用途分类

港口按用途可分为商港、渔港、工业港、军港、避风港，见表2.19。

表2.19　　　　　　　　　　　　港口按用途分类

序　号	名　　称	特　　性
1	商港	主要供旅客上下和货物装卸转运的港口。其中又可分为一般商港和专业商港。一般商港即用于旅客运输和装卸转运各种货物的港口，如上海港、天津港等；专业港是指专门进行某一种货物的装卸，或以某种货物为主的商港，如秦皇岛港主要以煤炭和石油装卸为主等
2	渔港	专为渔船服务的港口。渔船在这里停靠，并卸下捕获物，同时进行淡水、冰块、燃料及其他物资的补给
3	工业港	固定为某一工业企业服务的港口，专门负责该企业进行原料、产品及所需物资的装卸转运工作
4	军港	专供海军舰船用的港口
5	避风港	供大风情况下船舶临时避风的港口。这里一般很少有完善的停靠设施，通常仅有一些简单的系靠设备

（2）按地理位置分类

港口按地理位置可分为海港、河港、湖港与水库港，见表2.20。

表2.20　　　　　　　　　　　　港口按地理位置分类

序　号	名　　称	特　　性
1	海港	在自然地理条件和水文气象方面具有海洋性质，而且是为海船服务的港口。海港又可细分为海湾港、海峡港、河口港 海湾港是指位于海湾内，常有岛屿等天然屏障作保护，不需要或只需要较少的人工防护即可防御风浪的侵袭 海峡港是指处于大陆和岛屿或岛屿与岛屿之间的海峡地段的港口 河口港是指位于海河流河口地段的港口
2	河港	位于沿河两岸，并且具有河流水文特性的港口
3	湖港与水库港	位于湖泊和水库岸边的港口

（3）按受潮汐的影响分类

港口按潮汐影响可分为开敞港、闭合港、混合港，见表2.21。

表2.21　　　　　　　　　　　　港口按潮汐影响分类

序　号	名　　称	特　　性
1	开敞港	开敞港是港内水位潮汐变化与港外相同的港口
2	闭合港	闭合港是在港口入口处设闸，将港内水域与外海隔开，使港内水位不随潮汐变化而升降，保证在低潮时港内仍有足够水深的港口。如英国的伦敦港属于此类
3	混合港	混合港是兼有开敞港池和闭合港池的港口。如比利时的安特卫普港属于此类

（4）按地位分类

港口按地位可分为国际性港、国家性港、地区性港，见表2.22。

表 2.22　　　　　　　　　　　　港口按地位分类

序 号	名 称	特 性
1	国际性港	国际性港是靠泊来自世界各国港口的船舶的港口。如我国的上海港和大连港等、国外的鹿特丹和伦敦港等均属此类
2	国家性港	国家性港是主要靠泊往来于国内港口的船舶的港口
3	地区性港	地区性港是主要靠泊往来于国内某一地区港口的船舶的港口

3．航道

航道是供船舶航行的水道，航标是引导船舶安全行驶的标志。对海上航道来说，主要是自然水道，人工水道、运河及过船建筑物只是作为自然水道的补充和完善。航道的主要分类见表 2.23。

表 2.23　　　　　　　　　　　　航道的分类

序 号	名 称	特 性
1	海上航道	海上航道属自然水道，其通过能力几乎不受限制。每一海区的地理、水文情况都反映在该区的海图上。船舶每次的运行都是根据海图，结合当时的气候条件、海况和船舶本身的技术性能进行计算并在海图上标出。经过人们千百年来的努力和探索，加上现代化导航技术的应用，全世界各国地区间的海上航道已基本为人们所了解和掌握
2	内河航道	内河航道大部分是利用自然水道加上引航的航标设施构成的。内河航道与海上航道相比，其通行条件是有很大差别的，反映在不同的通航水深（如各航区水深不同）、不同的通行时间（如有的区段不能夜行）和不同的通行方式（如单向或双向过船）等方面，因此，在进行综合规划时，还应考虑航道分级和航道标准化。航道分级有利于从安全角度对船舶进行管理；航道和过船建筑物的标准化则是实现船型及港口设备标准化，形成现代化高效运输系统的前提条件。同时，大多数内河自然水道还须考虑航运、发电、灌溉、防洪和渔业的综合利用与开发，所以在发展内河航运而涉及航道问题时，还应注意与其他国民经济部门协调配合
3	人工航道	人工航道是指由人工开凿，主要用于船舶通航的河流，又称运河。人工航道一般都开凿在几个水系或海洋的交汇处，可以使船舶缩短航行路程，降低运输费用，方便人们生产和生活，扩大船舶航行的范围，进而形成一定规模的水运网络。一些著名的国际通航运河对世界航运的发展和船舶尺度的限制影响很大，其中主要有苏伊士运河、巴拿马运河和基尔运河。我国有世界上最古老最长的人工运河——京杭大运河。运河全长 1794km，横跨北京、天津两市，直穿河北、山东、江苏、浙江等 4 省，从内陆将海河、黄河、淮河、长江、钱塘江五大水系沟通，是我国国内水运的大动脉。正是由于这种特殊的重要作用，两千多年来人们一直在对大运河进行整治和扩建

任务五　航空运输设备的管理

一、航空运输的认知

航空运输是指利用航空器（主要指飞机）及航空港进行空中客、货运输的一种运输方式。航空运输具有显著的高速直达性，与其他交通运输方式分工协作、相辅相成，共同满足社会对运输的各种需求。

　　现代航空运输是社会生活和经济生活的一个重要组成部分，是目前发展最快的一种运输方式。航空运输的快速发展是和其自身的特点相关的。与其他运输方式相比，航空运输的优点，见表2.24。

表 2.24　　　　　　　　　　　　　航空运输的优点

序　号	名　　称	特　　性
1	速度快	航空运输在各种运输方式中运输速度最快，这已是众所周知的，也是航空运输的最大特点和优势，其时速为1000km左右，且距离越长，所能节省的时间越多，快速的优势也很显著。因而航空运输适用于中长距离的旅客运输、邮件运输和精密、贵重货、鲜活易腐物品的运输
2	机动性大	飞机在空中运行，受航线条件限制的程度相对较小，可跨越地理障碍将任何两地连接起来。航空运输的这一优点使其成为执行救援、急救等紧急事件中必不可少的手段
3	舒适、安全	现代民航客机平稳舒适，且客舱宽敞、噪声小，机内有供膳、视听等设施，旅客乘坐的舒适程度较高。随着科技进步和管理的不断改善，航空运输的安全性比以往已大大地提高
4	基本建设周期短、投资少	发展航空运输的设备条件是添置飞机和修建机场。这与修建铁路和公路相比，建设周期短、占地少、投资省、收效快

　　航空运输的主要缺点是飞机机舱容积和载重量都比较小，运载成本和运价比地面运输高。飞机飞行往往要受气象条件限制，因而影响其正常、准点性。此外，航空运输速度快的优点在短途运输中难以体现。

二、航空运输设备的分类

　　航空运输的设备和设施包括飞机、机场、空中交通管理系统和飞行航线四个部分。这四个部分有机结合、分工协作，共同完成航空运输的各项业务活动。航空运输主要设备，见表2.25。

表 2.25　　　　　　　　　　　　航空运输的主要设备和设施分类

名　　称	图　　示	特　　性
飞机	 飞机	飞机（Aircraft，Plane，Aeroplane，Airplane，Aeronef，Aeroplane，Flying Machine），专业术语是固定翼机（Fixed-wing Aircraft），泛指比空气重，有动力装置驱动，机翼固定于机身且不会相对机身运动，靠空气对机翼的作用力而产生升力的航空器 飞机是航空运输的主要运载工具。按运输类型的不同，民用飞机可分为运送旅客和货物的各种运输机和为工农业生产作业飞行、抢险救灾、教学训练等服务的通用航空飞机两大类。按其最大起飞重量，民用机可分为大型、中型、小型飞机。按航程远近，可分为远程、中程、短程飞机

续表

名　称	图　示	特　性
机场	 机场	机场，又称飞机场、空港，较正式的名称是航空站，是提供飞机起飞、着陆、停驻、维护、补充给养及组织飞行保障活动的场所，也是旅客和货物的起点、终点或转折点。机场是由供飞机使用的部分（包括飞机用于起飞降落的起飞区和用于地面服务的航站区）和供旅客接用货物使用的部分（包括办理手续和上、下飞机的航站楼地面交通设施及各种附属设施）组成
空中交通管理系统	 空中交通管理系统	空中交通管理系统是为了保证航空器飞行安全及提高空域和机场飞行区的利用效率而设置的各种助航设备和空中交通管制机构及规则。助航设备分仪表助航设备和目视助航设备。仪表助航设备是指用于航路、进近、机场的管制飞行，包括通信、导航、监视（雷达）等装置。目视助航设备是指用于引导飞机降落、滑行的装置，包括灯光、信号、标志等。空中交通管制机构通常按区域、进近、塔台设置。空中交通管制规则包括飞行高度层配备、垂直间隔、水平间隔（侧向、纵向）的控制等。管制方式分程序管制和雷达管制
飞机航线	 飞机航线	飞机航线是航空运输的线路，是由空管部门设定飞机从一个机场飞抵另一个机场的通道。飞行航线分航路、固定航线、非固定航线。航路是用于国于国之间、跨省市航空运输的飞行航线，规定其宽度为20km。固定航线是用于省市之间和省内定期航班飞行，尚未建立航路的飞行航线。非固定航线是用于临时性的航空运输或通用航空运行，在航路和固定航线以外的飞行航线

　　航空运输设备和设施除了上述四个基本组成部分外，还有商务运行、机务维护、航空供应、油料供应、地面辅助及保障系统等。

任务六　管道运输设备的管理

一、管道运输的认知

　　管道运输（Pipeline Transport）是用管道作为运输工具的一种长距离输送液体和气体物

资的运输方式，是一种专门由生产地向市场输送石油、煤和化学产品的运输方式，是统一运输网中干线运输的特殊组成部分。有时，气动管（Pneumatic Tube）也可以做到类似工作，以压缩气体输送固体舱，而内里装着货物。管道运输石油产品比水运费用高，但仍然比铁路运输便宜。大部分管道都是被其所有者用来运输自有产品。

管道运输不仅运输量大、连续、迅速、经济、安全、可靠、平稳以及投资少、占地少、费用低，并可实现自动控制。除广泛用于石油、天然气的长距离运输外，还可运输矿石、煤炭、建材、化学品和粮食等。管道运输可省去水运或陆运的中转坏节、缩短运输周期、降低运输成本、提高运输效率。当前管道运输的发展趋势是：管道的口径不断增大，运输能力大幅度提高；管道的运距迅速增加；运输物资由石油、天然气、化工产品等流体逐渐扩展到煤炭、矿石等非流体。中国目前已建成大庆至秦皇岛、胜利油田至南京等多条原油管道运输线。

管道运输的特点，见表 2.26。

表 2.26　　　　　　　　　　　　　管道运输的特点

序　号	特　点	说　明
1	投资省，效益高	在建设上，与铁路、公路、航空相比，管道运输的投资要省得多。就石油的管道运输与铁路运输相比，交通运输协会的有关专家曾算过一笔账：沿我国成品油主要流向建设一条长 7000km 的管道，它所产生的社会综合经济效益，仅降低运输成本、节省动力消耗、减少运输中的损耗三项，每年就可以节约资金 10 亿元左右；而且对于具有易燃特性的石油运输来说，管道运输具有更安全、密闭、损耗少、运费低、占地少、污染低等特点
2	运输稳，运量大	对于现代化大生产来说，油田不停地生产，管道可以做到不停地运输，炼油化工工业可以不停地生产成品，满足国民经济的需要
3	安全好，易保质	对于油、气来说，汽车、火车运输均有很大的危险，国外称为"活动炸弹"，而管道在地下密闭输送，具有极高的安全性；还能保质，管道在密闭状态下运输，油品不挥发，质量不受影响
4	灵活性差	管道运输不如其他运输方式（如汽车运输）灵活，除承运的货物比较单一外，它也不容随便扩展管线。实现"门到门"的运输服务，对一般用户来说，管道运输常常要与铁路运输或汽车运输、水路运输配合才能完成全程输送。此外由于运输量明显不足时，运输成本会显著地增大

管道运输已有约 130 余年的历史。作为输送原油和成品油最主要的方式之一，管道运输的发展与能源工业，尤其是石油工业的发展密切相关。近几十年来，国内外管道运输的发展很快。截至 2007 年，中国已建油气管道的总长度约 6 万千米，其中原油管道 1.7 万千米，成品油管道 1.2 万千米，天然气管道 3.1 万千米。中国已逐渐形成了跨区域的油气管网的供应格局。

二、管道运输设备的类型

迄今为止，尽管研究和开发的管道运输系统有水力管道、风动管道、集装胶囊管道和管道旅客运输系统，但应用最广泛的仍主要是液体输油管道及输气管道。管道运输的主要设备，见表 2.27。

表 2.27 管道运输的主要设备类别及特点

序 号	类 别	特 点
1	输油管道	长距离输油管道由输油站和管线两大部分组成。输送轻质油或低凝点原油的管道不需加热，油品经一定距离后，管内油温等于管线埋深处的地温，这种管道称为等温输油管。等温输油管无须考虑管内油品与周围介质的热交换。对易凝、高黏度的油品，不能采用这种方法输送，因为当油品黏度极高或其凝固点远高于管路周围环境温度时，每公里管道的压降将高达几个甚至几十个大气压，这种情况下，加热输送是最有效的办法。因此，热油输送管道不仅要考虑摩阻的损失，还要考虑散热损失，输送工艺更为复杂 输油管道的起点称为首站，输油管道沿途设有中间泵站，输油管道末站接受输油管道送来的全部油品，供给用户或以其他方式转运，故末站有较多的油罐和准确的计量装置 输油站包括首站、末站、中间泵站等 输油管道的线路（即管线）部分包括管道、沿线阀室、穿越江河、山谷等的设施和管道阴极防腐保护设施等。为保证长距离输油管道的正常运营，还设有供电和通信设施
2	输气管道	我国是世界上最早使用管道输送天然气的国家之一 输气管道系统主要由矿场集气网、干线输气管道（网）、城市配气管网以及与此相关的站、场等设备组成。这些设备从气田的井口装置开始，经矿场集气、净化及干线输送，再经配气网送到用户，形成一个统一的、密闭的输气系统
3	料浆管道	用管道输送各种固体物资的基本措施是将待输送固体物质破碎为粉粒状，再与适量的液体配置成可泵送的浆液，通过长输管道输送这些浆液到目的地后，再将固体与液体分离送给用户。目前浆液管道主要用于输送煤、铁矿石、磷矿石、铜矿石、铝矾土和石灰石等矿物，配制浆液的主要是水，还有少数采用燃料油或甲醇等液体作载体 料浆管道的基本组成部分与输气、输油管道大致相同，但还有一些制浆、脱水干燥设备。以煤浆管道为例，整个系统包括煤水供应系统、制浆厂、干线管道、中间加压泵站、终点脱水与干燥装置。它们也可分为三个不同的组成部分：浆液制备厂、输送管道、浆液后处理系统

项目考核评价

以学生个人为单位实行考核。

	讨论并制订煤炭运输方案			讨论并制订海鲜运输方案			得 分
	自评	同学评	教师评	自评	同学评	教师评	
学生 1							
学生 2							
学生 3							
学生 4							
学生 5							

说明：

1. 每个人的总分为 100 分

2. 每人每项为 50 分制，计分标准为：参加讨论但不积极计 1～15 分，参加讨论但未制订方案计 16～30 分，积极讨论但方案不完善计 31～40 分，积极讨论且方案较完善计 41～50 分

3. 采用分层打分制，建议权重计为：自评分占 0.2，同学评分占 0.3，教师评分占 0.5，然后加权算出每位同学在本项目中的综合成绩

项目三　仓储设备的使用与管理

仓储活动是物流领域的一个中心环节，在物流领域中起着重要的作用，被称为"物流的支柱"，其基本功能包括货物的保管功能、调节供需功能、调配货物的运输功能、实现货物的配送功能。其基本活动包括货物的储存、保养、维护和管理。仓储活动离不开仓储机械设备的支持，随着仓储功能要求的进一步提高，仓储的性能也在不断的提升，并出现了大量的新型设备。比如适合大型配送中心使用的高层货架和堆垛起重机等。

仓储设备是指仓库进行生产和辅助生产作业以及保证仓库及作业安全所必须的各种机电设备的总和，即完成仓库中接货、理货、集装、堆垛、仓储、搬运、出货等各物流作业环节相关设备和辅助设备的总称。仓储设备一般应包括托盘、货架、堆垛机、仓储衡器等。

仓储设备是有效实现仓储作业的技术包装，是企业仓储能力大小的直接反映。科学有效地应用仓储设备，加强仓储设备的管理，是保证仓库高效、低耗、灵活运行的关键。企业应根据储存货物的周转量大小、储备时间的长短、储备货物的种类及有关的自然条件，广泛应用先进仓储技术，合理配置仓储设备，为有效进行仓库作业创造效益。

🐞 项目描述

学 习 目 标	器 材 工 具	教 学 建 议	课 时 计 划
① 了解常用仓储设备的原理 ② 认识并掌握仓储设备的主要类型 ③ 掌握手动堆垛机的操作 ④ 在作业中培养学生的团队精神	① 手动堆垛机 ② 普通仓储用托盘 ③ 仓储货架 ④ 仓储用的相关辅助仪表	① 条件允许时，尽量在理论实践一体化教室或实训室和多媒体教室中实施教学 ② 设备操作注意事项应参照设备说明书	计划 8 学时，其中理论教学 4 学时，实践操作 2 学时，项目考核 2 学时

🐞 项目任务

不同类型的仓库拥有不同的仓储设备，一般而言，只有将各类仓储设备的操作有机地结合，才能提高库内作业的工作效率。因而其操作应涉及如下工作环节：

（1）按照作业在货架上准确找取托盘盛装的货物；

（2）按照路线要求将货物搬运至流通加工区；

（3）在流通加工区内将货物堆垛。

项目导学

图　示	说　明
 托盘（Pallets）	托盘是在承载面和支撑面间夹以纵梁，构成可集装物料，可使用叉车或搬运车等进行作业的货盘。（ISO/R455 定义） 托盘，一般是指平托盘。按其材质的不同，有木制、塑制、钢制、竹制、纸制、塑木复合制等
 货架（Rack）	货架是由立柱片、横梁和斜撑等构件组成，用于存放货物的结构件 根据货架的使用范围不同，货架及其货架系列大致可分为十类
 堆垛机（Rack Fork）	堆垛机又称高架叉车或高架装卸车，即叉车向运行方向两侧进行堆垛作业时，车体无须作直角转向，而使前部的门架或货叉作直角转向及侧移，这样作业通道就可大大减少，提高了面积利用率；此外，高架叉车的起升高度比普通叉车要高，一般在 6m 左右，最高可达 13m，提高了空间利用率
 衡器（Weighing Machine）	衡器（Weighing Machine），指称量物体质量的器具，如秤、天平等 衡器按结构原理不同可分为机械秤、电子秤、机电结合秤三大类，机械秤又分为杠杆秤（包括等臂杠杆秤也即狭义的天平、不等臂杠杆秤）和弹簧秤。衡器还可按衡量方法不同分为非自动衡器和自动衡器。衡器的主要品种有天平、杆秤、案秤、台秤、地中衡、地上衡、轨道衡、带秤、邮政秤、吊秤、配料秤和装袋秤等

任务一 托盘的使用与管理

一、托盘的认知

托盘（Pallet）是用于集装、堆放、搬运和运输的放置作为单元负荷的货物和制品的水平平台装置。一般用木材、金属、纤维板、PP塑料制作，便于装卸、搬运、存放单元物品和小数量的货物。

通过使用托盘，物品以集装单元的形式进行装卸、搬运、存储、运输等物流活动的作业方式，极大地提高了作业效率。使用托盘还可以与叉车、堆垛机等物流设备，形成功能强大的物流单元化作业系统。此外，用托盘堆码货物可以大幅度增加仓库利用率。

一般来说，一个国家托盘的拥有总数是衡量这个国家物流现代化运作水平高低的标志之一。有关资料显示，美国的托盘拥有量为 15 亿～20 亿个，人均占有 7～8 个；日本的托盘拥有总量已接近 10 亿个，人均占有 4～5 个；澳大利亚、欧洲等国家和地区的托盘化运输应用也非常广泛。与国外相比，我国托盘应用水平的差距很大，据有关行业组织调查，截至 2004 年年底，我国托盘拥有总量仅 1 亿个左右，人均不到 0.1 个。

二、托盘的分类

目前在物流业中使用的托盘多种多样，根据不同的标准有着不同的分类方法。

1．按结构特征分类

托盘按结构特征的分类见表 3.1。

表 3.1　　　　　　　　　　　　　托盘按结构特征分类

名　称	图　形	结　构	主要参数
平托盘（Composite Material Pallet）　　　　平托盘		平托盘几乎是托盘的代名词，是以两种或两种以上的不同材料经过一定的处理产生化学变化得到的材料为原材料加工制造的托盘 平托盘的使用范围最广，利用数量最大，通用性最好 平托盘又可细分为三种： ① 根据台面分类。有单面形、单面使用型、双面使用型和翼型四种 ② 根据叉车叉入方式分类。有单向叉入型、双向叉入型、四向叉入型三种 ③ 根据材料分类。木制平托盘、钢制平托盘、塑料制平托盘、复合材料平托盘以及纸制托盘五种	长、宽、高、长宽高误差、对角线误差、额定载荷、最大堆码层数、挠曲度、表面防滑系数
柱式托盘（Post Pallets）　　　　柱式托盘		柱式托盘是在平托盘基础上发展起来的，其特点是在不压货物的情况下可进行码垛（一般为四层）。多用于包装物料、棒料管材等的集装 柱式托盘还可以作为可移动的货架、货位；不用时，还可叠套存放，节约空间。近年来，在国外推广迅速	外形尺寸：长×宽×高（mm）

续表

名　称	图　形	结　构	主 要 参 数
箱式托盘（Box Pallets）	箱式托盘	箱式托盘是在平托盘基础上发展起来的，多用于散件或散状物料的集装，金属箱式托盘还用于热加工车间集装热料。一般下部可叉装，上部可吊装，并可进行码垛	外形尺寸：长×宽×高（mm）
轮式托盘	轮式托盘	轮式托盘的基本结构是在柱式、箱式托盘下部装有小型轮子。这种托盘不但具有一般柱式、箱式托盘的优点，而且可以利用轮子做短距离移动	外形尺寸：长×宽×高（mm）
特种专用托盘	特种专用托盘	特种专用托盘，如航空货运或行李搬运时使用的航空托盘，能支撑和固定立放平板玻璃的玻璃集装托盘，还如专门装运标准油桶的异型平托盘，还有专门用于装放长尺寸材料的托盘、轮胎专用托盘等	外形尺寸：长×宽×高（mm）
滑板托盘（Slip Sheet）	滑板托盘	滑板托盘是在一个或多个边上设有翼板的平板。用于搬运、存储或运输单元载荷形式的货物或产品的底板 滑板托盘可分为单翼滑板（One-tab Slip Sheet）即一边设翼板的滑板，对边双翼滑板（Two-tab Slip Sheet-opposite）即两条对边设翼板的滑板，临边双翼滑板（Two-tab Slip Sheet-Adjacent）即两条相邻边设翼板的滑板，三翼滑板（Three-tab Slip Sheet）即在三个相邻边设翼板的滑板，四翼滑板（Four-tab Slip Sheet）即在四个边设翼板的滑板	主要参数：长、宽、高、长宽高误差、对角线误差、额定载荷、最大堆码层数、挠曲度、表面防滑系数
植绒内托	植绒内托	植绒内托是一种采用特殊材料的吸塑托盘，将普通的塑料硬片表面粘上一层绒质材料，从而使托盘表面有种绒质的手感，用来提高包装品的档次	

2．按制造材料分类

托盘按照制造所使用的材料，分类见表3.2。

表 3.2   托盘按制造材料分类

名　称	性　能	特　点	主 要 参 数
木托盘（Wood Pallet）	以天然木材为原料制造的托盘，是现在使用最广的托盘，其价格便宜、质地结实	优点：精确度高、不易变形，用高强度螺钉加固，不会起钉，牢固性好	长、宽、高、长宽高误差、对角线误差、额定载荷、最大堆码层数、挠曲度、表面防滑系数
竹托盘（Bamboo Pallets）	以天然竹为原材料经过加工制作的托盘，是未来托盘的发展趋势，是最能代替木材的材料。因其强度高，故其性价比非常高。同时也是一种免熏蒸的材料，出口不受ISPM15的限制	优点：价格低廉、性价比高；绿色新材料，与环保概念一脉相传；防水、防霉、防虫 缺点：外观整洁度有待提高，边角易出现毛刺 对于我们这个人口森林占有率如此低的国家来说，竹托盘代替木托盘绝对是利国利民	长、宽、高、长宽高误差、对角线误差、额定载荷、最大堆码层数、挠曲度、表面防滑系数
塑料托盘（Plastic Pallet）	以工业塑料为原材料制造的托盘，比木制托盘的成本高，载重也较小，但是随着塑料托盘制造工艺的进步，一些高载重的塑料托盘已经出现，正在慢慢地取代木质托盘	塑料托盘与木托盘相比具有质轻、平稳、美观、整体性好、无钉无刺、无味无毒、耐酸、耐碱、耐腐蚀、易冲洗消毒、不腐烂、不助燃、无静电火花、可回收等优点，使用寿命是木托盘的5～7倍；是现代化运输、包装、仓储的重要工具，是国际上规定的用于食品、水产品、医药、化学品等行业储存必备器材	长、宽、高、长宽高误差、对角线误差、额定载荷、最大堆码层数、挠曲度、表面防滑系数、托盘使用环境的温度范围
金属托盘（Metal Pallet）	以钢、铝合金、不锈钢等材料为原材料加工制造的托盘	优点：结实耐用；缺点：易腐蚀，价格较高	长、宽、高、长宽高误差、对角线误差、额定载荷、最大堆码层数、挠曲度、表面防滑系数、防锈防腐处理、防静电处理
钢托盘	是采用镀锌钢板或烤漆钢板而成的，100%环保，可以回收再利用，资源不浪费。特别是用于出口时，不需要熏蒸、高温消毒或者防腐处理	优点：符合国际环保法规；轻量化；稳定的包装性能；100%回收兼具回收利益；防水防潮及防锈；利边利角；灵活（四方向的插入设计，无形中提高空间利用和操作的方便性，而且其坚固的底版设计亦符合输送滚输和自动包装系统使用）等	
纸托盘（Paper Pallet）	以纸浆、纸板为原料加工制造的托盘。随着整个国际市场对包装物环保性要求的日益提高，为了达到快速商检通关以实现快速物流的要求，托盘生产商们成功研制出高强度的纸托盘	特点：全纸质，强度高，规格可以随客户的要求进行定制	长、宽、高、长宽高误差、对角线误差、额定载荷、最大堆码层数、挠曲度、表面防滑系数、耐水浸泡时间、使用环境的湿度范围

名　称	性　能	特　点	主要参数
蜂窝托盘	蜂窝的六边形结构是蜜蜂的杰作，以最少的材料消耗构筑成坚固的蜂巢、其结构具有非凡的科学性。蜂窝纸板就是仿造蜂巢的结构，以纸为基材，用现代化的机电合一生产出一种蜂窝状的新型材料	蜂窝托盘质轻、强度高、刚度好，并具有缓冲、隔振、保温、隔热、隔音等性能。同时成本低，适用性广，广泛应用于包装、储运、建筑业，车船制造业、家具业等，以替代木材、泥土砖、发泡聚苯乙烯（EPS）等，对减少森林砍伐，保护生态环境具有重大意义	
复合托盘（Composite Material Pallet）	以两种或两种以上的不同材料经过一定的处理产生化学变化得到的材料为原材料加工制造的托盘	特点：质轻、强度高、刚度好	长、宽、高、长宽高误差、对角线误差、额定载荷、最大堆码层数、挠曲度、表面防滑系数
免熏蒸托盘	免熏蒸复合托盘集传统木质包装和纸质包装优点于一身。产品表面平整，免熏蒸、免商检载重高防水无毒，可以承载任何出口产品。其外观和性能大大优于过去曾大量使用的天然木质包装，有利于提高出口产品的档次，并且可以减少熏蒸商检等复杂的程序和手续，提高工作效率，促进外贸出口	免熏蒸托盘的特点是不需要烦琐的商检及熏蒸手续，可以直接通关出口，而且与其他同类产品相比具有坚固结实、承重力强、外形美观、价格便宜等优势，是目前出口包装物的最佳选择	
塑木托盘	由采用国际最先进的专利技术生产的塑木材料，通过组装而成的各种规格、尺寸的托盘、垫板	塑木托盘综合了木托盘和塑料托盘及钢制托盘的优点而基本摒弃了其不足，价格却低于其他各类托盘；产品具有强度高、韧性好、不变形、不吸潮、不霉蛀、抗腐蚀、耐老化、易加工、低成本、可回收、无污染等优点	
模压托盘	产品采用秸秆纤维、果木纤维、改性脲荃胶、石蜡等原材料经过 1500t 压力轧机，200℃高温一次模压成型；无需动植物检验检疫，完全符合欧美国家进口检疫制度，可直接出口使用	优化设计、结构合理、整体性能好，符合世界环保要求，可以降解，防水、防虫、防白蚁、防腐蚀、不易燃烧，承载力强、不易变形可多次重复使用，使用寿命长，四向进叉堆垛存放节约空间，质量轻、外形美观	

3．按主要规格分类

当前，国内托盘的规格相当混乱。除机械工业系统使用 JB 3003—1981 规定的 800mm×1000mm 和 500～800mm 两种规格的托盘外，1996 年，中国交通部科研院又提出将 ISO6780：1988《联运通用平托盘主要尺寸及公差》等效采用为中国托盘的国家标准。以后，原国家技术监督局以 GB/T 2934—1996 标准系列文号批准并发布了这个等效标准，其中包括了 1200mm×1000mm、1200mm×800mm、1140mm×1140mm 及 1219mm×1016mm 四个托盘规格。

此外，关于托盘标准，中国还有 GB/T 3716—2000 托盘术语，GB/T 16470—1996 托盘包装，GB/T 15234—1994 塑料平托盘，GB/T 4995—1996 联运通用平托盘性能要求，GB/T 4996—1996 联运通用平托盘试验方法等国家标准。不仅如此，在中国的日资、韩资企业中还大量使用着 1100mm×1100mm 规格的托盘。凡此种种都说明中国采用的托盘标准太多，如不大力整顿，很难有效地解决中国托盘规格的统一问题。

据托盘专业委员会调查发现，目前流通中的托盘规格比较杂乱。包括：2000mm×1000mm、1500mm×1100mm、1500mm×1000mm、1400mm×1200mm、1300mm×1000mm、1200mm×1000mm、1200mm×800mm、1200mm×1100mm、1100mm×1000mm、1100mm×1100mm、1100mm×900mm、1000mm×1000mm、1000mm×800mm、1200mm×1200mm、1300mm×1600mm、1300mm×1100mm 等几十种规格。其中，塑料托盘的规格相对比较集中，主要是 1100mm×1100mm 和 1200mm×1000mm，约占塑料托盘的 50%。这是由于塑料托盘生产中要使用注塑模具，而模具开发成本相对比较高。木质托盘的规格比较混乱，目前的规格主要是使用单位根据自己产品的规格定制，这与木质托盘制造工艺相对比较简单有关。钢制托盘的规格不是很多，集中在 2～3 个规格，主要用于对托盘的承载重量要求比较高的港口码头等单位。另外，在调查中托盘专业委员会还发现，现在企业使用的多为平面四向进叉双面使用托盘，约占托盘使用总数的 60%。其余的还有平面双向进叉双面使用托盘、单面使用平式托盘、箱式托盘和柱式托盘。特种托盘的使用数量比较少。箱式托盘现多用于企业生产过程中的物料搬运，基本上不进入流通领域。

4. 其他集装器具类型

与托盘类似的集装单元器具还有物流台车、集装袋、集装箱等，见表 3.3。

表 3.3 其他集装器具类型

名　称	图　示	性　能	参　数
物流台车（Roll Pallets）	 物流台车	物流台车是在平托盘、柱式托盘、或网箱托盘的底部装上脚轮而成，既便于机械化搬运，又宜于短距离的人力移动。适用于企业工序间的物流搬运；也可在工厂或配送中心装上货物运到商店，直接作为商品货架的一部分	
集装袋（Flexible Freight Bags）	 集装袋	集装袋又称柔性集装箱，是集装单元器具的一种，配以起重机或叉车，就可以实现集装单元化运输。适用于装运大宗散状粉粒状物料 其特点是结构简单、自重轻、可以折叠、回空所占空间小、价格低廉	适用型式：重复使用型、一次使用型 形状：圆桶型、方型、圆锥型、折叠型 提升方式：顶面、底面、侧面 排料口：有、无 材料：橡胶、塑料、帆布 充填质量：0.5t、1.0t、1.5t、2.0t、2.5t、3t 容积：500m³、640m³、840m³、1000m³、1250m³、1500m³、1750m³、2000m³

续表

名　　称	图　　示	性　　能	参　　数
集装箱（Containers）	集装箱	根据国际标准化组织（ISO）TC/04 委员会的定义，凡具备下列条件的运输容器，可称为集装箱 ① 具有足够的强度，能长期反复使用 ② 中途转运时，不用搬动箱内的货物，可整体转载 ③ 具有便于装卸的装点，能进行快速装卸 ④ 便于货物的装入和卸出 ⑤ 具有 $1m^3$ 以上的内部容积 集装箱一般可分为杂货集装箱（通用集装箱）、散料集装箱、框架集装箱、冷藏集装箱、保温集装箱、罐状集装箱	GB 1413：集装箱外部尺寸、极限偏差和额定重量 GB 1834：通用集装箱最小内部尺寸 GB 1835：集装箱角件的技术要求 GB 1836：集装箱的标记代号 GB 1992：集装箱名词术语 GB 3220：集装箱吊具的尺寸和起重量系列

三、托盘的使用

托盘的正确使用应该做到包装组合码放在托盘上的货物并加上适当的捆扎和裹包，便于机械装卸和运输，从而满足装卸、运输和储存的要求。

1．托盘的载重质量

每个托盘的载重质量应小于或等于 2t。为了保证运输途中的安全，所载货物的重心高度，不应超过托盘宽度的 2/3。

2．托盘货物的码放方式

根据货物的类型、托盘所载货物的质量和托盘的尺寸，合理确定货物在托盘上的码放方式。托盘的承载表面积利用率一般应不低于 80%。对于托盘货物的码放有如下要求。

① 木质、纸质和金属容器等硬质直方体货物单层或多层交错码放，拉伸或收缩膜包装。

② 纸质或纤维质类货物单层或多层码放，用捆扎带十字封合。

③ 密封的金属容器等圆柱体货物单层或多层码放，木质货盖加固。

④ 需进行防潮、防水等防护的纸制品、纺织品货物单层或多层交错码放，拉伸或收缩膜包装货增加角支撑，货物盖隔板等加固结构。

⑤ 易碎类货物单层或多层码放，增加木质支撑隔板结构。

⑥ 金属瓶类圆柱体容器或货物单层垂直码放，增加货框及板条加固结构。

⑦ 袋类货物多层交错压实码放。

3．托盘承载货物的固定方式

托盘承载的货物进行固定方式主要有捆扎、胶合束缚、拉伸包装，并可相互配合使用。

4．托盘承载货物防护与加固

托盘承载的货物进行固定后，仍不能满足运输要求的，应该根据需要选择防护加固附件。加固防护附件由纸质、木质、塑料、金属或者其他材料制成。

5．托盘与叉车、货架等配合使用的注意事项

① 液压车和叉车在使用托盘过程中，叉齿之间的距离应尽量放宽至托盘的进叉口外缘，

进叉深度应大于整个托盘深度的 2/3 以上。

　② 液压车和叉车在使用托盘运动过程中，应保持匀速进退和上下，避免急刹、急转引起托盘受损、造成货物倒塌。

　③ 托盘上货架时，应保持托盘在货架横梁上平稳放置，托盘长度应大于货架横梁外径 50mm 以上。

任务二　货架的使用与管理

一、货架的认知

　仓库货架一般来说就是指存放货物的架子。在仓库设备中，货架是专门用于存放成件物品的保管设备。货架在物流及仓库中占有非常重要的地位，随着现代工业的迅猛发展，物流量的大幅度增加，为实现仓库的现代化管理，改善仓库的功能，不仅要求货架数量多，而且要求具有多功能，并能实现机械化、自动化要求。

　货架在现代物流活动中，起着相当重要的作用，仓库管理实现现代化，与仓库货架的种类、功能有直接的关系。仓库货架的作用及功能见表 3.4。

表 3.4　　　　　　　　　　　　　仓库货架的作用及功能

序号	功　能	说　明
1	提高仓库利用率	仓库货架是一种架式结构物，可充分利用仓库空间，提高库容利用率，扩大仓库储存能力
2	增加对货物的保护	存入货架中的货物，互不挤压，物资损耗小，可完整保证物资本身的功能，减少货物的损失
3	提高仓库作业的效率	仓库货架中的货物，存取方便，便于分类管理，便于清点及计量，利于做到先进先出
4	提高存储的质量	保证存储货物的质量，可以采取防潮、防尘、防盗、防破坏等措施，以提高货物的存储质量
5	便于实现先进管理方式	很多新型货架的结构及功能有利于实现仓库的机械化及自动化管理

二、货架的分类

　目前在物流业中使用的货架多种多样，根据不同的标准有着不同的分类方法。

1．按照货架载重量分类

　货架按载重量可以分为重型货架、中型货架和轻型货架三种，见表 3.5。

表 3.5　　　　　　　　　　　　　货架按照载重量分类

名　称	图　示	特　性
重型货架	重型货架	每层货架载重量在 500kg 以上，主要用于大型货物的存放

续表

名　称	图　示	特　性
中型货架	 中型货架	每层货架载重量在 150～500kg，主要用于中型货物的存放
轻型货架	 轻型货架	每层货架载重量在 150kg 以下，主要用于小型货物的存放

2．按照货架结构形式分类

货架按结构形式，常见的大致地可以分为层格式货架、抽屉式货架、重力式货架、托盘式货架、驶入式货架、驶入/驶出式货架、移动式货架、悬臂式货架、阁楼式货架、高层货架等，见表 3.6。

表 3.6　　　　　　　　　　　　　货架按照结构形式进行分类

名　称	图　示	特　性
层格式货架	 层格式货架	（1）每格原则上只能放一种物品，不易混淆 （2）其缺点是层间光线暗，存放数量少 （3）主要用于规格复杂、多样，必须互相间隔开的物品
抽屉式货架	 抽屉式货架	（1）主要用于存放中小型模具，通常每层承载量小于 500kg；重型抽屉式货架可用于存放特重型模具和货物 （2）可存放比较贵重或怕尘土、怕湿的小件货物

续表

名　　称	图　　示	特　　性
重力式货架	 重力式货架	（1）单位库房面积存储量大 （2）固定了出入库位置，减少了出入库工具的运行距离 （3）专业、高效、安全性高 （4）保证存储的货物能够先进先出 （5）主要用于大批量少品种储存货物的存放或配送中心的拣选作业中
托盘式货架	 托盘式货架	（1）利于货物的保管 （2）实现机械化存取作业 （3）提高仓容利用率 （4）出入库可做到先进先出
驶入式货架	 驶入式货架	（1）仓容利用率高，可达90% （2）托盘质量和规格要求较高。尽量选用国家标准中推荐的 1200 系列托盘，托盘单元货品的重量控制在 1600kg 以内 （3）不保证先进先出 （4）适合于大批量少品种，对先进先出要求不高或批量存取的货物存储
驶入/驶出式货架	 驶入/驶出式货架	（1）仓容利用率高 （2）保证先进先出 （3）托盘质量和规格要求较高 （4）适合于大批量少品种的货物存储

续表

名 称	图 示	特 性
移动式货架	移动式货架	（1）减少了通道数，地面使用率达80% （2）存取方便，可先进先出 （3）建造成本较高，维护比较困难 （4）主要适用于仓库面积有限，但数量品种多的货物的存储
悬臂式货架	悬臂式货架	（1）适用于长形货物和形状不规则货物的存放 （2）适用于人力存取操作，不便于机械化作业
阁楼式货架	阁楼式货架	（1）有效增加空间利用率 （2）上层不适合重型搬运设备行走 （3）存取作业效率低 （4）用于仓库场地有限而存放物品品种很多的仓库 （5）用于存放储存期较长的中小件货物
高层货架	高层货架	（1）仓库利用率高 （2）货架刚度和精度要求高 （3）适合自动化仓库，配合巷道堆垛机的使用

三、货架的使用

货架是仓储设备的基础，应注意把握货架设计、选型、使用等诸多环节的要求和原则。

1．货架的设计原则

① 仓库的结构类型和作业方式。

② 确定仓库尺寸和仓库的总体布置、区域划分。

③ 了解货物的管理方式，可以利用 ABC 分类管理分析法。

④ 确定货物单元的形式、尺寸、质量。

⑤ 确定搬运设备型号及参数。

⑥ 系统的平面规划。

2．货架的选型原则

选择货架应把握的原则见表 3.7。

表 3.7 货架的选型原则

序号	原　则	说　明
1	适应性原则	货架的核心作用是存放货物，因此首先应适应所存放货物的品种、规格和性能的要求，能满足货物先入先出的要求；同时，货架应适合配套仓储设备的存取作业；另外，对于存放危险品的货架应有特殊的保障措施
2	可靠性原则	货架的强度和刚度要满足载重量的要求，并有一定的安全余量，防止因货架损坏导致货损；还应增加高层货架的防护措施
3	经济性原则	货架是仓库的重要组成部分，应满足低成本、高效益的原则，尽量选用普通货架，也可考虑使用专用货架

3．货架的使用原则

① 防超载：每层存放的货物的重量不得超过货架设计的最大承载。

② 防超高超宽：货架层高、层宽已受限制，卡板及货物的尺寸应略小于净空间 100mm。

③ 防撞击：叉车在运行过程中，应尽量轻装轻放。

④ 防头重脚轻：应做到高层放轻货、底层放重货的原则。

⑤ 货架上方摆放货物时，操作人员尽量不要直接进入货架底部。

⑥ 防止用不标准的台板（卡板）在货架上使用（川字底最适合）。

⑦ 防止取货人员踩在底层货架取高层的货物，取高层货物时建议使用登高车。

⑧ 仓储货架应保持一定的间距，便于存货和取货。

特殊说明：如有发现货架的横梁和立柱有严重损坏，应及时通知厂家更换。

4．仓储式超市货架的使用管理

仓储式超市越来越多，这类超市既具有仓储的功能，还具有销售的功能。在进行物品的货架陈列时，要注意不同类别的物品集中摆放，尽量做到分门别类。如果物品是水平方式摆放的，那么同一品牌、不同规格的物品应该在两边摆放；如果是垂直摆放的，那么同一个品牌、不同规格的产品应上下摆放。这样陈列的目的是为了建立一个巩固的品牌封面，强化品牌的视觉冲击力。

在进行物品生动化陈列时，销售人员要始终注意竞争品牌在货架上必定有其相应的陈列位置。正确的选择是：没有必要把竞争品牌撤离货架，而是应该把物品争取摆放到比竞争品牌更有优势的位置，陈列面积至少应与物品的市场占有率相当。

成功的货架管理应该达到如下标准。

① 将目标商品分销到目标零售店内。

② 分销新商品到目标零售店。

③ 店内商品的陈列经常能得到有效的改进。

④ 商品必须保持清洁、整齐摆放。

⑤ 轮转货架上的商品，把老商品摆放在货架前，新商品摆放在货架后（先进先出）。

⑥ 商品正面应向前摆放。

⑦ 增加合理的陈列面并使用公司的助销品。

⑧ 防止假冒、仿制商品摆放在旁边。

⑨ 零售价格管理到位。

⑩ 执行黄金陈列标准。

管理好库房货架在提高工作效率的同时，还可以增加货架的使用寿命。所以必须正确使用和管理货架。

任务三 堆垛机的使用与管理

一、堆垛机的认知

堆垛机又称为堆高车、高架叉车或高架装卸车，是指用货叉或串杆攫取、搬运和堆垛或从高层货架上存取单元货物的专用起重机，是一种常用的仓储物料搬运机电设备。

堆垛机是立体仓库中的主要起重运输设备，是随立体仓库发展起来的专用起重机械设备。运用这种设备的仓库最高可达 40 多米，大多数在 10～25 m。堆垛机的主要用途是在立体仓库的巷道间来回穿梭运行，将位于巷道口的货物存入货格，或将货格中的货物取出运送到巷道口。这种设备只能在仓库内运行，还需配备其他设备使货物出入库。

使用堆垛机的优点，见表 3.8。

表 3.8   使用堆垛机的优点

序号	特 点	说 明
1	作业效率高	堆垛机是立体仓库的专用设备，具有较高的搬运速度和货物存取速度，可在短时间内完成货物的出入库作业，目前堆垛机的最高运行速度可以达到 500m/min
2	提高仓库利用率	堆垛机自身的尺寸小，可在宽度较小的巷道内运行，同时适合高层货架作业，可提高仓库的利用率
3	自动化程度高	堆垛机可与计算机自动分配货位系统有机配合使用，实现远程控制，作业过程无须人工干预，自动化程度高，便于管理
4	稳定性好	堆垛机的精度高，具有多项保护功能，具有较高的可靠性，工作时具有良好的稳定性，可有效降低货物的破损率

二、堆垛机的分类

根据不同的标准，堆垛机有不同的分类方法。

1．按结构特点分类

按照结构特点的不同，堆垛机一般可分为桥式堆垛起重机和巷道式堆垛起重机（又称巷道式起重机）两种，见表 3.9。

表3.9 堆垛机按结构特点分类

名称	结构特点	适用范围
桥式堆垛机	桥式堆垛机是在桥式起重机的基础上结合叉车的特点发展起来的。在从起重小车悬垂下来的刚性立柱上有可升降的货叉，立柱可绕垂直中心线转动，因此，货架间需要的巷道宽度比叉车作业时所需要的小。这种堆垛机支承在两侧高架轨道上运行，除一般单元货物外还可堆运较长的货物。起重量和跨度较小时也可在悬挂在屋架下面的轨道上运行，这时其起重小车可以过渡到邻跨的另一台悬挂式堆垛起重机上。立柱可以是单节的或多节伸缩式的。单节立柱结构简单、较轻，但不能跨越货垛和其他障碍物，主要适用于有货架的仓库。多节伸缩式的一般有2～4节立柱，可以跨越货垛，因此也可用于使单元货物直接堆码成垛的无架仓库。堆垛机可以在地面控制，也可在随货叉一起升降的司机室内控制	额定起重量一般为0.5～5t，有的可达20t，主要用于高度在12m以下、跨度在20m以内的仓库
巷道式堆垛机	巷道式堆垛机由起升机构、运行机构、货台司机室和机架等组成。起升机构采用钢丝绳或链条提升。机架有一根或两根立柱，货台沿立柱升降。货台上的货叉可以伸向巷道两侧的货格存取物品，巷道宽度比货物或起重机宽度大15～20cm。货叉一般为三节伸缩式，用齿轮齿条传动（见齿轮传动）或链传动实现伸缩。这种堆垛机大多在地面上的一根钢轨上运行，水平轮装在顶部；高度不大时也可以悬挂在巷道顶部的工字钢下翼缘上运行，水平轮装在下部；起重量较小时，可直接在货架顶部铺设的轨道上运行。起重量一般在2t以下，最大达10t。起升速度为15～25m/min，有的可达50m/min。堆垛机的运行速度为60～100m/min，最大达180m/min。货叉伸缩速度为5～15m/min，最大可达30m/min。升降、运行和货叉伸缩动作一般都设有慢速挡，以保证工作平稳和停靠准确。巷道式堆垛机采用电力驱动，其控制方式有：① 手动控制；② 半自动控制，即起升和运行机构都由人操纵来改变速度，但在制动时机构能使货叉自动对准货格；③ 自动控制，堆垛机备有自动认址系统。手动和半自动控制用得最多。自动控制主要用在出库、入库频率较高的仓库。当自动控制在中心控制室进行时必须设置信号传输系统，将堆垛机检测到的地址和其他信息传送给中心控制室，同时将各种控制信号从中心控制室传送给堆垛机。由于堆垛机在狭窄的巷道内高速运行，且司机随货台升降，因此除起重量限制器和行程开关等一般的堆垛机安全装置外，还装有：① 在钢丝绳或起重链断裂时能抓住货台的安全钳；② 下降失控超速保护装置；③ 升降和运行接近极限位置时的强迫换速开关；④ 钢丝绳松弛时自动切断电源的保护装置。自动和半自动控制的堆垛机还设置有其他相应的安全装置	专用于高架仓库。采用这种堆垛机的仓库高度已达45m左右。堆垛机在货架之间的巷道内运行，主要用于搬运装在托盘上或货箱内的单元货物；也可开到相应的货格前，由机上人员按出库要求拣选货物出库

2．按动力特点分类

按照动力特点的不同，堆垛机一般可分为全电动堆垛机、半电动堆垛机和手动堆垛机三种，见表3.10。

表3.10 堆垛机按动力特点分类

名　称	图　示	特　性
全电动堆垛机	 全电动堆垛机	全电动堆垛机适用于狭窄通道和有限空间内的作业，是高架仓库、超市、车间装卸和堆垛托盘化货物的理想工具 全电动堆垛机大都采用计算机程序控制、无极变速,钢精制宽视野门架最大起升高度可达6m的可选配踏板

续表

名　称	图　示	特　性
半电动堆垛机	半电动堆垛机	半电动堆垛机适用于狭窄通道和有限空间内的作业,是高架仓库、车间装卸堆垛托盘化高效率的理想设备 半电动堆垛机运行轻便快捷、简易,有近似全电动堆垛机的功能
手动堆垛机	手动堆垛机	手动堆垛机,也称手动装卸车、手推液压堆高车,是利用人力推拉运行的简易式插腿式叉车。其起升机构有手摇机械式、手动液压式和电动液压式三种,适用于工厂车间、仓库内效率要求不高,但需要有一定堆垛、装卸高度的场合。其载重量为 500～1000kg,起升高度为1000～3000 mm,货叉离地高度≤100 mm

3．按行走特点分类

按照行走特点的不同,堆垛机一般可分为有轨堆垛机、无轨堆垛机和堆垛机器人三种,见表 3.11。

表 3.11 堆垛机按行走特点分类

名　称	图　示	特　性	分　类
有轨堆垛机 (Stacker Crane)	有轨堆垛机	有轨堆垛机是在高层货架的窄巷道内作业的起重机,可大大提高仓库的面积和空间利用率,是自动化仓库的主要设备 其主要参数如下: 仓库高度为 6～24m,max 40m 运行速度为 max = 80m/min(标准性)200m/min(高速型) 起升高度为 max = 20m/min(标准性)50m/min(高速型) 货叉伸缩速度为 max = 12m/min(标准性)50m/min(高速型)	按照用途的不同,有轨堆垛机可分为单元型、拣选型、单元—拣选型三种 按照控制方式的不同可分为手动、半自动和全自动三种 按照转移巷道方法的不同可分为固定式、转移式和转移车式三种 按照金属结构的形式可分为单立柱和双立柱两种

续表

名　称	图　示	特　性	分　类
无轨堆垛机（Rack Fork）	 无轨堆垛机	无轨堆垛机又称三向堆垛叉车，即叉车向运行方向的两侧进行堆垛作业时，车体无须作直角转向，而使前部的门架或货叉作直角转向及侧移，这样作业通道就可大大减少，提高了仓库的面积利用率；此外，高架叉车的起升高度比普通叉车要高，一般在 6m 左右，最高可达 13m，提高了空间利用率	一般可分为托盘型和拣选型 托盘单元型由货叉进行托盘货物的堆垛作业。其中一种：司机室地面固定型，起升高度较低，因而视线较差；另一种：司机室随作业货叉升降型，起升高度较高、视线好 拣选型：无货叉作业机构，司机室和作业平台一起升降，由司机向二侧高层货架内的物料进行拣选作业
堆垛机器人（Robot Palletizer）	 堆垛机器人	堆垛机器人是能将不同外形尺寸的包装货物，整齐地、自动地码（或拆）在托盘上的机器人。为充分利用托盘的面积和码堆物料的稳定性，机器人具有物料码垛顺序、排列设定器	根据码垛机构的不同，可以分为多关节型、直角坐标型 根据抓具形式的不同可以分为侧夹型、底拖型、真空吸盘型 此外，机器人还分固定型和移动型两种

三、堆垛机的使用

堆垛机的种类很多，使用时应首先要根据作业的特点进行恰当选型，同时按照使用说明书进行正确操作。

1．恰当选型

使用前，要掌握堆垛机的技术性能参数，从而掌握其工作能力。一般应根据使用的场合、作业性质、作业量的大小、各作业环节之间的配套衔接等因素选择堆垛机，见表 3.12。

表 3.12　　　　　　　　　　　　　　堆垛机的选型因素

序号	因　素	说　明
1	额定载重量的确定	一般应以堆垛机在工作过程中可能遇到的最大起吊物的重量来确定，在使用过程中，堆垛机不允许超载运行，因此，在选择该参数时应留有一定的余量
2	起升高度的选择	首先应符合国家关于起重机的起升高度标准系列，根据使用过程中堆垛机所要堆放货物的最低货位标高和最高货位标高来选择相适宜的堆垛机。另外，起升高度还要受到仓库高度的限制
3	跨度的选择	跨度是针对桥式堆垛机而言的，是桥式堆垛机的两条轨道之间的距离。要根据一台桥式堆垛机供几条巷道使用，由巷道的总宽度和货架的总宽度来确定其跨度的大小

2．手动堆垛机操作

手动堆垛机目前在仓库中仍广泛使用，使用手动堆垛机（也称手动装卸车、手推液压堆高车）完成取货作业，首先要做好如下准备工作。

① 检查设备完好。比如手摇起升机构运行良好，调整两根前叉间距，使之与托盘叉孔间距适宜，行使轮行使、转向灵活。

② 制订一份简练的搬运单，并指定好搬运线路。

③ 货架上有盛装货物的指定托盘，卸货区腾出了足够放置托盘的位置。

从立体货架的货格中取货到指定地面的操作如下。

双手紧握手柄→推至货架前→检查并将空气阀拧至紧闭位置→手动摇杆，加强液压，待前叉至适当高度→推动叉车，使前叉紧贴托盘底部叉入→手动摇杆，加强液压，待前叉离开货格台板水平线 2～3cm→回拉装卸机→出清货格约 10cm 距离时，慢松空气阀，托盘降至离地面3～5cm 推或拉至目的地→慢松空气阀，缓缓减压，货物缓慢落在指定地面→装卸车归位→结束。

从指定地面取货存放到立体货架的某一货格中的操作，与以上路线方向相反，操作方法相似。

在直行搬运过程中，注意双手用力均衡，保证叉车直线运行。

直角转弯搬运的操作流程同上。搬运路线由直线与直角转弯构成。

注意直角转弯时，以所转方向的前端行驶轮为基准，当行驶至离车轮对准托盘上同向的叉孔时，然后以该轮为圆心，前端另一轮与之构成的线段为半径，转 90°，使这一前轮也对准托盘的另一叉孔，最后再直线运行，直到插入托盘叉孔的适当位置。

直角转弯的操作技巧在于操作人员的两只手上，与转向同向的那只手压稳托盘手柄，另一只手轻推，方使托盘前叉顺利转动 90°。

任务四 仓储衡器的使用与管理

一、仓储衡器的认知

衡器（Weighing Machine），即称量物体质量的器具，是物流仓储的主要辅助设备，如秤、天平等。

衡器是在商品的交换过程中产生和发展的。人类最早使用的衡器是原始天平。约在公元前 5000 年，埃及就已使用等臂天平秤。

等臂天平称是在简易杠杆中点设一支点，在杠杆一端（图 3.1 中所示右端）的盘（钩）上放置被测物，在另一端（图 3.1 中所示左端）的盘上逐个放置形状、质量一样的物体，当这种装置平衡时，就意味着两边的质量相等，并可从左端物体的个数推定右端被测物的质量。

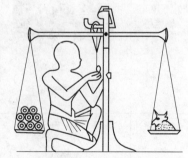

图 3.1 古埃及的等臂天平秤

中国的度量衡制始于公元前 2500 年的《黄钟律》。据记载，"度本于黄钟之长，量本于黄钟之仑，权衡本于黄钟之重"。黄钟器已失传。夏代，中国开始用权衡作为称重器具。权相当于砝码，衡指杠杆。杠杆正中有一小孔用作支点，在杆的两端各悬有挂钩，一边挂被称物，一边挂权。每一副权衡都有一组权。权的质量逐一递增，以称不同质量。汉代出现木质杆秤，此后一直沿用了 2000 多年。

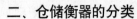

二、仓储衡器的分类

衡器按结构原理可分为机械秤、电子秤、机电结合秤三大类，机械秤又分为杠杆秤（包括等臂杠杆秤也即狭义的天平、不等臂杠杆秤）和弹簧秤。衡器还可按衡量方法分为非自动衡器和自动衡器。衡器的主要品种有天平、杆秤、案秤、台秤、地中衡、地上衡、轨道衡、皮带秤、邮政秤、吊秤、配料秤和装袋秤等。

常见仓储衡器的图示、性能、特点见表 3.13。

表 3.13　　　　　　　　　　　常见仓储衡器的图示、性能、特点

名　　称	图　示	性　能	特　点
电子台秤	电子台秤	电子台秤主要用于需要经常移动的称量场所，其最大秤量为 1t 的货物称量。尤其适用于商店、集贸市场、仓库管理等有贸易结算要求的计量。广泛应用于冶金、化工、煤炭、建材、轻工、港口、交通、电力、仓储等部门小重量称量和精密配料的场所，可高效率地完成对需称量货物的计量和监控	采用不锈钢秤盘及铝合金构造，坚固耐用大型背光液晶屏幕显示器，字高 25mm，可倾斜设计，充、插电两用式切换选择，产品具有充放电保护装置，使用寿命长。多种称重单位显示功能千克、英磅、TL，开机单位随意选择，方便实用具有字幕自动照明、自动关机省电功能选择（5min、10min、30min、60min），具有自动校正功能，具有检校秤之功能，可设定 HI、LO、OK（上/下限）三点警示功能，可依环境干扰程度选择软件滤波之功能，更稳定、精确，可选购 RS—232 接口，可连接计算机及列表机
电子汽车轴重秤	电子汽车轴重秤	电子汽车轴重秤采用轴计量方式，可对各类载货汽车进行准确计量，不受车体、吨位的限制，准确度等级为三级，现有多种不同型号方便选择 由于独特的结构形式，优良的内部配置，使其除计量准确外，更具备移动方便、安装快捷、经久耐用等优势，不仅适用于各类厂矿企事业单位，更适用于道路施工、基础施工、基础设施建设等流动性强、作业条件差的施工单位	公路超限检测系统及需要轴计量单位对汽车进行单轴或轴组计量后，通过累加得到整车重量的电子衡器，适用于工地、矿山、修路企业，仓储企业，物资运输，低价物资的计量以及高速公路对汽车载重的限制计量 安装简便、基础投资费用少、搬迁方便、采用数字显示直观易读
单面电子吊钩秤	单面电子吊钩秤	单面电子吊钩秤主要用于需要经常移动的称量场所，其最大秤为 30t，最小秤重几千克。尤其适用于商店、集贸市场、仓库管理等有贸易结算要求的计量。广泛应用于冶金、化工、煤炭、建材、轻工、港口、交通、电力、仓储等部门计量称量和精密配料的场所，可高效率地完成对需称量货物的计量和监控	采用特殊钢构造，坚固耐用。大型荧光屏幕显示器，字高 40mm，可倾斜充、插电两用式切换选择，产品具有充放电保护装置，使用寿命长具有字幕自动照明、自动关机省电功能选择（5min、10min、30min、60min）

续表

名　　称	图　　示	性　　能	特　　点
仓储式包装秤	仓储式包装秤	仓储式包装秤应用先进的微电子技术、构成完备的控制系统，对生产过程进行控制和管理。实用技术先进；采用返回行程可调汽缸，可以通过调节汽缸后端的调节螺栓调整给料速度，使给料迅速、可靠，大大提高了包装秤的工作效率 适合于颗粒类物料，如饲料、玉米、小麦、谷物类、化工原料、医药原料等（如物料有腐蚀性，应作特别说明）称重	超速包装：给料方式采用粗给料（自落形式）+细给料（振动给料）相结合的给料方式，大大提高了包装速度，可达300～800包/小时 静音操作：系统采用独特的秤斗开门机构，有效减小开关门时的冲击与振动，大大降低了系统工作时所产生的噪声 环保功能：秤内部可设回风吸引系统——除尘柜，提高物料纯度，避免粉尘及有毒物对人体侵害 耐寒功能：秤内设多功能干燥过滤器，内带自动排水阀，排出积水，避免机器在0℃以下结冰，阻碍机器正常运转。安装过滤器后设备可在零下40℃环境下正常工作
储备式灌装秤	储备式灌装秤	储备式灌装秤可任意设置灌装重量。可设置为总重灌装、自动去皮净重灌装、总重和自动去皮净重复合灌装 具备通信接口（RS485），可与计算机通信，实现计算机管理 具有防振抗冲击、抗电磁干扰功能 自动灌装秤称重时，具有自动关闭、操作简单的特点，是液化气站和化工企业定量灌装液态物质的首选计量器具	储备式灌装秤具有开机自动捉零功能 电子秤即可显示灌装设定值，读数清晰 灌装完毕有灯光及提示符闪烁显示提示 具有统计（累计）功能，可统计灌装数和灌装量 具有通信接口和密码锁定功能 有自动灌装和随机灌装功能
带秤	带秤	带秤称重桥架采用无杠杆全悬式设计，电阻应变是传感器采用平台型，具有特殊应变补偿，单件结构形式，安装容易，不需要维护。称架无物料堵塞和堆积，由此产生零点漂移的可能性不复存在，系统稳定性好，该称架适应带宽度为500～1200mm	秤架采用无杠杆全悬浮式结构，单托辊 无摩擦橡胶耳轴支承，防腐蚀、防潮、抗震动 称重传感器为拉式，调整方便、灵活、可靠，精度较高 抗侧向、水平分力，减少皮带跑偏和落料偏移对精度影响

续表

名　称	图　示	性　能	特　点
电子散料秤	电子散料秤	电子散料秤由进料机构、称量机构、计算机控制系统等组成。计算机控制系统有数据设置键和显示仪表，数据设置键可设置或修改进料值。仪表可显示参量号、单次称量值、累计称量值、累计称量次数、故障报警代码及设置的所有工作参数。同时备有通信接口可与计算机联网并与计算机集中管理控制	物料通道全部为圆形，保证流料、卸料干净 有特制的橡胶软连接，密封性能好，安装拆卸方便 可适用于建材、化工饲料、冶金等行业 连续动态称重多种物料、工作性能可靠 规格有 LCS—10t、LCS—20t、LCS—30t
自动检重秤	自动检重秤	自动检重秤主要用于对自动化包装流水线中通过的包装产品进行在线动态称重，可以检测并剔除重量不符合要求的产品，是产品质量的保证 自动检重秤作为分选秤使用。可对上游产品，如包装箱，物品等作为重量鉴别分选 相接自动化流水线上，快速、简便，节省劳力，提高效率	自动检重秤作为动态秤使用可用于屠宰厂、超市、前店后坊，快速称重不易等量的物品，配套其他设施，如条码打印机、不干胶打印机、标签打印等相关产品，使现代化物流成为现实 自动检重秤可用在食品、粮食、制药、包装、化工等大工业自动化流水作业中。配套后续如剔除、分类、报警、警示、打码、喷字等设备，生产过程的快速性、准确性提高 自动检重秤与计算机配套，在生产过程中实现智能化、人性化
液压叉车秤	液压叉车秤	液压叉车秤采用交—直流两用电源，秤体表面喷塑处理，结构坚固，秤台上任意位置均称量准确。秤台由液压手动搬运机构和称重元件组成	液压驱动秤台升降，人工推行车辆运行，特别适用于铁路、公路、商贸、工矿等物流作业中的货物的称量 最大称重为 1t，秤台尺寸为1150mm×580mm×85mm～200mm×1220mm×700mm×85mm～200mm

三、仓储衡器的使用

衡器主要由承重系统（如秤盘）、传力转换系统（如杠杆传力系统）和示值系统（如刻度盘）三部分组成。由于计算机与信息技术的发展，现代的衡器系统还涉及控制计算机和数码显示装置等。在使用过程中，应针对不同的构成部分特点加强维护，正确使用。

1. 系统维护

① 衡器安装后，应妥善保存说明书、合格证、安装图等资料，并经当地计量部门或国家认可的计量部门检定合格后，方可投入使用。

② 系统加电前，必须检查电源的接地装置是否可靠；下班停机后，必须切断电源。

③ 衡器使用前应检查秤体是否灵活，各配套部件的性能是否良好。

④ 称重显示控制器须先开机预热，一般为 30min 左右。

⑤ 为保证系统计量准确，应有防雷击设施，衡器附近电焊作业时，严禁借秤台作零线接地用，以防损坏电器元件。

⑥ 对于安装在野外的地中衡，应定期检查基坑内的排水装置，避免堵塞。

⑦ 要保持接线盒干燥，一旦接线盒内有湿空气和水滴浸入，可用电吹风吹干。

⑧ 为保证衡器的正常计量，应定期对其进行校准。

⑨ 吊装计量重物时，不应有冲击现象；计量车载重物时，不应超过系统的额定秤量。

⑩ 汽车衡轴载与传感器容量、传感器支点距离等因素有关。一般汽车衡禁止接近最大秤量的铲车之类的短轴距车辆过衡。

⑪ 司磅操作人员和仪表维护人员均需熟读说明书及有关技术文件才能上岗操作。

2．计算机维护

① 保证计算机的接地系统良好。

② 严禁频繁开关、随意搬动和拆卸计算机。

③ 计算机要远离水源、强电磁干扰。

④ 严禁随意使用外来软盘，防止感染病毒。

⑤ 严禁用硬物敲击键盘，如螺钉旋具。

⑥ 机房内应保持清洁，温度应符合主机说明书要求。

⑦ 操作人员需经培训后方可上岗。

3．称重显示控制器保养

① 经常检查各接线是否松动、折断，接地线是否牢靠。

② 称重显示控制器长期不用时（如一个月以上），应根据环境条件进行通电检查，以免受潮或其他不良气体侵蚀而影响可靠性。

③ 称重显示控制器避免靠近热源、振动源。

④ 使用环境中不应有易燃易爆气体或粉尘。

⑤ 在称重显示控制器的同一相线上不得接感性负载，如门铃等。

⑥ 称重显示控制器长期不用、更换保险丝、移动位置或清除灰尘等情况时，务必切断电源。

⑦ 称重显示控制器如发生故障时应迅速断电，然后通知专业部门及人员进行检查整理，用户不得随意拆开机箱，更不得随意更换内部零件。

⑧ 司磅人员和仪表维修人员均需通过专门培训才能从事操作和维修。

4．秤台维护

① 秤台四周间隙内不得卡有石子、煤块等异物。

② 经常检查限位间隙是否合理，限位螺栓与秤体不应碰撞接触。

③ 连接件每半年进行一次保养，支承头部涂上黄油。

④ 禁止在秤台上进行电弧焊作业，若必须在秤台进行电弧焊作业，请注意下列几点：断开信号电缆与称重显示控制器的连接；电弧焊的地线必须设置在被焊部位附近，并牢固接触在秤体上；切不可以使用传感器成为电弧焊回路的一部分。

 项目考核评价

以学生个人为单位实行考核。

	从货格到地面的取货作业			从地面到货格的取货作业			得　分
	自评	同学评	教师评	自评	同学评	教师评	
学生 1							
学生 2							
学生 3							
学生 4							
学生 5							

说明：

1. 每个人的总分为 100 分

2. 每人每项为 50 分制，计分标准为不会操作计 1～15 分，基本不会操作计 16～30 分，操作较好计 31～40 分，操作很好计 41～50 分

3. 采用分层打分制，建议权重计为：自评分占 0.2，同学评分占 0.3，教师评分占 0.5，然后加权算出每位同学在本项目中的综合成绩

项目四 装卸设备的使用与管理

　　所谓装卸是指随着货物的运输和保管而附带发生的作业，具体来说，是指在物流过程中对货物进行装卸、搬运移送、堆垛拆垛、放置取出、分拣配货等作业。装卸活动与搬运活动相伴相生，是在一定区域范围内以改变货物的存放状态、存储位置为主要目的的活动，广泛发生于货场、码头、仓库等物流节点，是物流运作的一个核心环节。为提高工作效率，在装卸作业中使用了许多不同种类的设备，这些卸装设备一般包括起重机、装卸机、升降台等。

项目描述

学 习 目 标	器 材 工 具	教 学 建 议	课 时 计 划
① 了解常用的装卸设备 ② 认识并掌握装卸设备的主要类型 ③ 了解使用装卸设备的注意事项 ④ 在作业中培养学生的团队精神	① 港口码头作业视频 ② 铁路货场作业视频	① 条件允许时，尽量在理论实践一体化教室或实训室和多媒体教室中实施教学 ② 设备操作注意事项应参照设备说明书	计划6学时，其中理论教学4学时，实践与考核共2学时

项目任务

　　组织学生参观某港口码头或铁路货场（或以视频代替），认识常用的装卸设备，掌握其主要类型，讨论装卸设备的安全部件使用要求。应涉及如下工作环节：

　　（1）组织参观某一港口码头或铁路货场，或观看相关视频；

　　（2）列举并分析常用装卸设备的类型；

　　（3）分组讨论装卸设备的安全部件的使用要求。

项目导学

图　　示	说　　明
 起重机（Gantry Cranes）	起重机是一种间歇式、可循环运动的物流机械，以实现货物的垂直升降为主，同时可以实现货物的水平位移，以满足货物的装卸及附属作业的要求
 装卸机（Loader-unloader）	装卸机是指为了提高货物的卸装效率，主要对箱装、袋装等包装货物，或者不加包装而成堆堆放的各种块状、料状、粉状等散货，进行以装卸作业为主的机械系统

续表

图 示	说 明
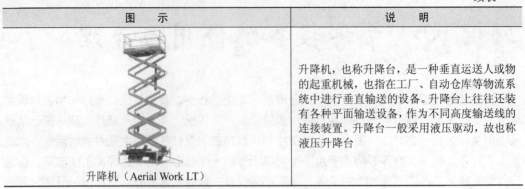升降机（Aerial Work LT）	升降机，也称升降台，是一种垂直运送人或物的起重机械，也指在工厂、自动仓库等物流系统中进行垂直输送的设备。升降台上往往还装有各种平面输送设备，作为不同高度输送线的连接装置。升降台一般采用液压驱动，故也称液压升降台

任务一　起重机的使用与管理

一、起重机的认知

起重机（Crane）属于起重机械的一种，是一种作间歇式、可循环运动的机械。起重机的一个工作循环包括取物装置从取物地把物品提起，然后水平移动到指定地点降下物品，接着进行反向运动，使取物装置返回原位，以便进行下一次循环。

起重机通常由起升机构（使物品上下运动）、运行机构（使起重机械移动）、变幅机构和回转机构（使物品作水平移动），再加上金属机构、动力装置、操纵控制及必要的辅助装置组合而成。起升机构是起重机的基本工作机构，大多由吊挂系统和绞车组成，也有通过液压系统升降重物的。运行机构用以纵向水平运移重物或调整起重机的工作位置，一般由电动机、减速器、制动器和车轮组成。变幅机构只配备在臂架型起重机上，臂架仰起时幅度减小，俯下时幅度增大，分平衡变幅和非平衡变幅两种。回转机构用以使臂架回转，由驱动装置和回转支承装置组成。金属结构是起重机的骨架，主要承载件如桥架、臂架和门架可为箱形结构或桁架结构，也可为腹板结构，有的可用型钢作为支承梁。

二、起重机的分类

起重机根据不同的标准有着不同的分类方法。

1．按功能和结构特点分类

起重机械按其功能和结构特点，大致可以分为四大类，见表4.1。

表4.1　　　　　　　　　起重机按功能和结构特点进行分类

名 称	典型图形	工作特点	主要类型
轻小型起重设备	轻小型起重设备	轻小型起重设备的特点是轻便、结构紧凑，动作简单，作业范围投影以点、线为主。轻小型起重设备，一般只有一个升降机构，只能使重物作单一的升降运动	属于这一类的起重机包括千斤顶、滑车、手（气、电）动葫芦、绞车等。电动葫芦常配有运行小车与金属构架以扩大作业范围

续表

名称	典型图形	工作特点	主要类型
桥式起重机	桥式起重机	桥式起重机的特点是可以使挂在吊钩或其他取物装置上的货物在空间实现垂直升降或水平运移。桥式起重机包括起升机构，大、小车运行机构。依靠这些机构的配合动作，可使货物在一定的空间内起升和搬运	桥式起重机、龙门起重机、装卸桥、冶金桥式起重机、缆索起重机等都属此类
臂架式起重机	臂架式起重机	臂架式起重机的特点与桥式起重机基本相同。臂架式起重机包括起升机构、变幅机构、旋转机构。依靠这些机构的配合动作，可使货物在一定的空间内起重和搬运。臂架式起重机多装设在车辆上或其他形式的运输（移动）工具上，这样就构成了运行臂架式旋转起重机	如汽车式起重机、轮胎式起重机、塔式起重机、门座式起重机、浮式起重机、铁路起重机等
升降机	升降机	升降机的特点是重物或取物装置只能沿导轨升降。升降机虽只有一个升降机构，但在升降机中，还有许多其他附属装置，所以单独构成一类	升降机包括电梯、货梯、升船机等

2. 按安装方式分类

起重机根据安装方式的不同可以分为的几大类，见表 4.2。

表 4.2　　　　　　　　　　起重机按安装方式分类

名称	典型图形	工作特点	适用范围
履带起重机		履带起重机是将起重作业部分装在履带底盘上，行走依靠履带装置的流动式起重机。可以进行物料起重、运输、装卸和安装等作业。履带起重机具有起重能力强、接地比压小、转弯半径小、爬坡能力大、不需支腿、带载行驶、作业稳定性好以及桁架组合高度可自由更换等优点	该类起重机在电力、市政、桥梁、石油化工、水利水电等建设行业应用广泛
汽车起重机	汽车起重机	汽车起重机将起重机安装在通用或专用汽车底盘上，低盘性能等同于同样整车总重的载货汽车，符合公路车辆的技术要求，因而可在各类公路上通行无阻。这种起重机一般备有上、下车两个操纵室，作业时必需伸出支腿保持稳定。起重量的范围很大，为 8～1000t，底盘的车轴数，为 2～10 根	这类起重机是产量最大，使用最广泛的起重机类型

续表

名称	典型图形	工作特点	适用范围
轮胎起重机	 轮胎起重机	轮胎起重机是将起重部分安装在特制的充气轮胎底盘上的起重机。上下车合用一台发动机，行驶速度一般不超过30km/h，车辆宽度也较宽	该类起重机不宜在公路上长距离行驶。具有不用支腿吊重及吊重行驶的功能，适用于货场、码头、工地等移动距离有限的场所的吊重作业
越野轮胎起重机	 越野轮胎起重机	越野轮胎起重机是20世纪70年代发展起来的一种起重机，其吊重功能与轮胎起重机相似，也可进行不用支腿吊重及吊重行驶。所不同的是底盘的结构形式及由独特的底盘结构所带来的行驶性能的提高。这种起重机的发动机均装在底盘上，底盘有两根车轴及四个大直径的越野花纹轮胎。四个车轮均为驱动轮及转向轮，当在泥泞不平的工地上转移工位时，四个车轮都传递动力，即四轮驱动，以提高通过泥泞地面及不平路面的能力。当在平坦路面以较快速度行驶时，只用前轴或后轴的两个车轮驱动，以减少能耗。在起重机的随机文件中，用4×4表示四轮驱动，4×2表示4个车轴中有两个车轮是驱动轮	该类起重机适合狭小的场地作业。可实现连续无极变速，在路面阻力突变的情况下发动机也不会熄火，因而极大地方便了司机的操作。可以说越野轮胎起重机是一种性能扩展了的、强力而灵活的轮胎起重机
全地面起重机	 全地面起重机	全地面起重机是一种兼有汽车起重机和越野起重机特点的高性能设备。具有行驶速度快、多桥驱动、全轮转向、三种转向方式、离地间隙大、爬坡能力强、可不用支腿吊重等功能，是一种极有发展前途的设备。但价格较高，对使用和维护水平要求较高	该类起重机既能像汽车起重机一样快速转移、长距离行驶，又可满足在狭小和崎岖不平或泥泞场地上作业的要求
特种起重机	 特种起重机	特种起重机是为完成某种特定而研制的专用起重机，如为机械化部队实施战术技术保障用的、装在越野汽车或装甲车上的起重轮救车；为处理交通事故用的公路清障车等，均属此类	该起重机在指定的特种场合使用

除此以外，起重机还有多种分类方法。例如，按取物装置和用途分，有吊钩起重机、抓斗起重机、电磁起重机、冶金起重机、堆垛起重机、集装箱起重机和援救起重机等；按运移方式分，有固定式起重机、运行式起重机、自行式起重机、拖引式起重机、爬升式起重机、

便携式起重机、随车起重机等；按驱动方式分，有支承起重机、悬挂起重机等；按使用场合分，有车间起重机、机器房起重机、仓库起重机、储料场起重机、建筑起重机、工程起重机、港口起重机、船厂起重机、坝顶起重机、船上起重机等。

三、起重机的使用

使用起重机，必须了解其技术参数、工作级别、安全装置等。

1．起重机的技术参数

起重机的技术参数是表征起重机的作业能力，是设计起重机的基本依据，也是所有从事起重作业的人员必须掌握的基本知识。

起重机的基本技术参数主要包括起重量、起升高度、跨度（属于桥式类型起重机）、幅度（属于臂架式起重机）、机构工作速度、生产率和工作级别等。其中臂架式起重机的主要技术参数中还包括起重力矩等，对于轮胎、汽车、履带、铁路起重机其爬坡度和最小转弯（曲率）半径也是主要技术参数。

国家标准 GB 6974.2—1986《起重机械名词术语——起重机械参数》中介绍了中国目前已生产制造与使用的各种类型起重机械的主要技术参数（标准的术语名称）、定义及示意图（见表 4.3 中的图），现摘录一部分，见表 4.3。

表 4.3　　　　　　　　　　　　　　起重机械的技术参数与定义

编号	名 词 术 语	定义（或说明）	示　意　图
1　质量和载荷参数			
1.1	起重量 G	被起升重物的质量	
1.1.1	有效起重量 G_p	起重机能吊起的重物或物料的净质量。对于幅度可变的起重机，根据幅度规定有效起重量	
1.1.2	额定起重量 G_n	起重机允许吊起的重物或物料，连同可分吊具（或属具）质量的总和（对于流动式起重机，包括固定在起重机上的吊具）。对于幅度可变的起重机，根据幅度规定起重机的额定起重量	
1.1.3	总起重量 G_t	起重机能吊起的重物或物料，连同可分吊具上的吊具或属具（包括吊钩、滑轮组、起重钢丝绳，以及在臂架或起重小车以下的其他吊物）的质量总和。对于幅度可变的起重机，根据幅度规定总起重量	质量参数示意图
1.1.4	最大起重量 G_{max}	起重机在正常工作条件下，允许吊起的最大额定起重量	

续表

编号	名 词 术 语	定义（或说明）	示 意 图
1.2	起重力矩 M	幅度 L 和相应起吊物品重力 Q 的乘积	起重力矩示意图
1.3	起重倾覆力矩 MA	起吊物品重力 Q 和从载荷中心线至倾覆线距离 A 的乘积	起重倾覆力矩示意图
1.4	起重机总质量 G_o	包括压重、平衡重、燃料、油液、润滑剂和水等的质量在内的起重机各部分质量的总和	
1.5	轮压 P	一个车轮传递到轨道或地面上的最大垂直载荷（按工况不同，分为工作轮压和非工作轮压）	轮压示意图
2 起重机尺寸参数			
2.1	幅度 L	起重机置于水平场地时，空载吊具垂直中心线至回转中心线之间的水平距离（非回转浮式起重机为空载吊具垂直中心线至船艏护木的水平距离）	幅压示意图
2.1.1	最大幅度 L_{max}	起重机工作时，臂架倾角最小或小车在臂架最外极限位置时的幅度	
2.1.2	最小幅度 L_{min}	臂架倾角最大或小车在臂架最内极限位置时的幅度	

续表

编号	名 词 术 语	定义（或说明）	示 意 图
2.2	悬臂有效伸缩距 l	离悬臂最近的起重机轨道中心线到位于悬臂端部吊具中心线之间的距离	悬臂伸缩距示意图
2.3	起升高度 H	起重机水平停车面至吊具允许最高位置的垂直距离 对吊钩和货叉，算至其支承表面 对其他吊具，算至它们的最低点（闭合状态） 对桥式起重机，应是空载置于水平场地上方，从地面开始测定其起升高度	起升高度示意图
2.4	下降深度 h	吊具最低工作位置与起重机水平支承面之间的垂直距离 对吊钩和货叉，从其支承面算起 对其他吊具，从其最低点算起（闭合状态） 桥式起重机从地平面起算下降深度。应是空载置于水平场地上方，测定其下降深度	下降深度示意图
2.5	起升范围 D	吊具最高和最低工作位置之间的垂直距离（$D = H + h$）	起升范围示意图

编号	名词术语	定义（或说明）	示 意 图
2.6	起重臂长度 L_b	起重臂根部销轴至顶端定滑轮轴线（小车变幅塔式起重机为至臂端形位线）在起重臂纵向中心线方向的投影距离	
2.7	起重机倾角	在起升平面内，起重臂纵向中心线与水平线的夹角	
		3 运动速度	
3.1	起升（下降）速度 V_n	稳定运动状态下，额定载荷的垂直位移速度	 起升速度示意图
3.2	微速下降速度 V_m	稳定运动状态下，安装或堆垛最大额定载荷时的最小下降速度	 下降速度示意图
3.3	回转速度 ω	稳定状态下，起重机转动部分的回转角速度。规定为在水平场地上，离地 10m 高度处，风速小于 3m/s 时，起重机幅度最大，且带额定载荷时的转速	 回转速度示意图
3.4	起重机（大车）运行速度 V_k	稳定运动状态下，起重机运行的速度。规定为在水平路面（或水平轨面）上，离地 10m 高度处，风速小于 3m/s 时的起重机带额定载荷时的运行速度	 运行速度示意图
3.5	小车运行速度 V_t	稳定运动状态下，小车运行的速度。规定为离地面 10m 高度处，风速小于 3m/s 时，带领定载荷的小车在水平轨道上运行的速度	 小车运行速度示意图
3.6	变幅速度 V_r	稳定运动状态下，额定载荷在变幅平面内水平位移的平均速度。规定为离地 10m 高度处，风速小于 3m/s 时，起重机在水平路面上，幅度从最大值至最小值的平均速度	 变幅速度示意图

编号	名 词 术 语	定义（或说明）	示 意 图
4 与起重机运行线路有关的参数			
4.1	跨度 S	桥架型起重机支承中心线之间的水平距离	 跨度示意图
5 一般性能参数			
5.1	工作级别	考虑起重量和时间的利用程度以及工作循环次数的起重机械特性	
5.2	机构工作级别	按机构利用等级（机构在使用期限内，处于运转状态的总小时数）和载荷状态划分的机构工作特性	

2. 起重机工作级别

起重机的工作级别的大小高低是由两种能力所决定的，其一是起重机的使用频繁程度，称为起重机利用等级；其二是起重机承受载荷的大小，称为起重机的载荷状态。

（1）起重机的利用等级

起重机在有效使用寿命期间有一定的工作循环总数。起重机作业的工作循环是从准备起吊物品开始，到下一次起吊物品为止的整个作业过程。工作循环总数表征起重机的利用程度，是起重机分级的基本参数之一。工作循环总数是起重机在规定的使用寿命期间所有工作循环次数的总和。

确定适当的使用寿命时，要考虑经济、技术和环境因素，同时也要涉及设备老化的影响。

工作循环总数与起重机的使用频率有关。为了方便起见，工作循环总数在其可能范围内，分成 10 个利用等级（ U0～U9 ），见表 4.4。

表 4.4 起重机利用等级

利 用 等 级	总的工作循环次数 N	附 注
U0	1.6×10^4	不经常使用
U1	3.2×10^4	
U2	6.3×10^4	
U3	1.25×10^5	
U4	2.5×10^5	经常轻闲地使用
U5	5×10^5	经常中等地使用
U6	1×10^6	不经常频繁地使用
U7	2×10^6	频繁地使用
U8	4×10^6	
U9	$>4 \times 10^6$	

（2）起重机载荷状态

载荷状态是起重机分级的另一个基本参数，表明起重机的主要机构——起升机构受载的轻重程度。载荷状态与两个因素有关：一个是实际起升载荷 G 与额定载荷 G_n 之比 G/G_n，另一个是实际起升载荷 G 的作用次数 N 与工作循环总数 N_n 之比 N/N_n。表示 G/G_n 和 N/N_n 关系的线图称为载荷谱。起重机的载荷状态，见表4.5。

表 4.5　　　　　　　　　　　　起重机的载荷状态

载 荷 状 态	名义载荷谱系数 K_F	说　明
Q1——轻	0.125	很少起升额定载荷，一般起升轻微载荷
Q2——中	0.25	有时起升额定载荷，一般起升中等载荷
Q3——重	0.5	经常起升额定载荷，一般起升较重载荷
Q4——特重	1.0	频繁起升额定载荷

3.起重机工作级别

起重机的工作级别，即起重机的分级是由起重机的利用等级和起重机的载荷状态所决定，起重机的工作级别用符号 A 表示，其工作级别分为 8 级，即A1～A8。

起重机的工作级别，见表4.6。

表 4.6　　　　　　　　　　　　起重机的工作级别

载 荷 状 态	名义载荷谱系数 K_F	利　用　等　级									
		U0	U1	U2	U3	U4	U5	U6	U7	U8	U9
Q1——轻	0.125			A1	A2	A3	A4	A5	A6	A7	A8
Q2——中	0.25		A1	A2	A3	A4	A5	A6	A7	A8	
Q3——重	0.5	A1	A2	A3	A4	A5	A6	A7	A8		
Q4——特重	1.0	A2	A3	A4	A5	A6	A7	A8			

为便于广大起重作业人员了解和掌握起重机适用的工作级别，而列举了以下各种起重机的工作级别，见表4.7。

表 4.7　　　　　　　　　　　　起重机工作级别举例

起重机型式			工作级别
桥式起重机	吊钩式	电站安装及检修用	A1～A3
		车间及仓库用	A3～A5
		繁重工作车间及仓库用	A6、A7
	抓斗式	间断装卸用	A6
		连续装卸用	A6～A8
	冶金专用	吊料箱用	A7、A8
		加料用	A8
		铸造用	A6～A8
		锻造用	A7、A8
		淬火用	A7、A8
		夹钳、脱锭用	A8
		揭盖用	A7、A8
		料耙式	A8
		电磁铁式	A6～A8

续表

起重机型式		工 作 级 别
门式起重机	一般用途吊钩式	A3～A6
	装卸用抓斗式	A6～A8
	电站用吊钩式	A2、A3
	造船安装用吊钩式	A3～A5
	装卸集装箱用	A5～A8
装卸桥	料场装卸用抓斗式	A7、A8
	港口装卸用抓斗式	A8
	港口装卸集装箱用	A6～A8
门座起重机	安装用吊钩式	A3～A5
	装卸用吊钩式	A5～A7
	装卸用抓斗式	A6～A8
塔式起重机	一般建筑安装用	A2～A4
	用吊罐装卸混凝土	A4～A6
汽车、轮胎、履带、铁路起重机	安装及装卸用吊钩式	A1～A4
	装卸用抓斗式	A4～A6
甲板起重机	吊钩式	A4～A6
	抓斗式或电磁吸盘式	A6、A7
浮式起重机	装卸用吊钩式	A5、A6
	装卸用抓斗式	A6、A7
	造船安装用	A3～A6
缆索起重机	安装用吊钩式	A3～A5
	装卸或施工用吊钩式	A5～A7
	装卸或施工用抓斗式	A6～A8

4. 起重机安全保护装置

为了确保起重作业安全可靠，起重机装有较完善的安全装置，以便在意外的情况下，起到保护机件或提醒操作人员注意，从而起到安全保护作用。起重机的安全保护装置见表4.8。

表 4.8 起重机的安全保护装置

序号	装 置	作 用
1	液压系统中各溢流阀	可抑制回路中的异常高压，以防止液压油泵及马达的损坏，并防止处于过载状态
2	吊臂变幅安全装置	当不测事故发生，吊臂变幅油缸回路中的高压软管或油管爆裂或切断时，液压回路中的平衡阀就起作用，锁闭来自油缸下腔的工作油，使吊臂不致下跌，从而确保作业的安全性
3	吊臂伸缩安全装置	当不测事故发生，吊臂伸缩油缸回路中的高压软管或油管爆裂或切断时，液压回路中的平衡阀就起作用，锁闭来自油缸下腔的工作油，使吊臂会自动缩回，从而确保作业的安全性
4	高 度 限 位装置	吊钩起升到规定的高度后，碰触限位重锤，打开行程开关，"过绕"指标灯即亮，同时切断吊钩起升、吊臂伸出、吊臂伏到等动作的操作而确保安全。这时只要操纵吊钩下降，吊臂缩回或吊臂仰起（即向安全方操作）等手柄时，使限位重锤解除约束，操作即恢复正常。在特殊的场合，如仍需要作微量的过绕操作，可按下仪表盒上的释放按钮，此时限位的作用便解除，但此时的操作必须十分谨慎小心，以防发生事故

续表

序号	装　　置	作　　用
5	支腿锁定装置	当不测事故发生，通往支腿垂直油缸的高压软管或油管破裂或切割时，液压系统中的双向液压锁能封锁支腿、封锁油缸两腔的压力油，使支腿不缩或甩出，从而确保起重作业的安全性
6	起重量指示器	起重量指示器设置在基本臂的合侧方（即操纵室的右侧面），操作者坐在操纵室内便能清楚地观察到，能准确地指示出吊臂的仰角及对应工况下起重机允许的额定起重量
7	起重特性表	设置在操纵室内前侧下墙板上，该表列出了各种臂长和各种工作幅度下的额定起重量和起重高度，以便操作时查阅。起重作业时，切不可超过表中规定的数值。为了确保起重作业安全可靠，起重机装有较完善的安全装置，以便在意外的情况下，起到保护机件或提醒操作人员注意，从而起到安全保护作用

任务二　装卸机的管理

一、装卸机的认知

装卸机是指为了提高物品卸装效率，主要对箱装、袋装等包装物品，或者不加包装而成堆堆放的各种块状、料状、粉状等散货，进行以装卸作业为主的机械系统。

装卸机是一种重要的物流设备，在物流活动中既可以结合行业特点独立使用，比如常见的装卸桥、卸煤机、卸车机、卸船机、集装箱装卸机、蔗木装卸机、砖用装卸机和新型的多功能装卸机等，都属独立使用，也可以安装在物流生产线上，与其他相关设备构成系统综合使用。使用装卸机，可以使物品翻转码放、直接装车、卸车，大大节约人力成本，降低物品装卸中的货损货差，从而有效降低物流成本，提高工作质量。

二、装卸机的分类

目前，在物流业中使用的装卸机多种多样，主要有袋式装卸机、螺旋装卸机、翻车机、取料机等，还出现了一些新型的装卸机械。

1. 常用的装卸机

常用的装卸机类型见表4.9。

表4.9　　　　　　　　　　　常用的装卸机类型

名称	图　　示	特　　性
袋式装车机	袋式装车机	袋式装车机主要由中间卸袋机构和特殊端部溜槽及胶带机组成。粉状物经包袋机成袋后，经过称重装置和辊道输送机送到胶带输送机上，再根据装车情况由分袋器和特殊端部溜槽，将袋送到不同的装车机上，然后由装车机直接装到汽车上 目前，袋式装车机在水泥行业中应用较多
螺旋卸车机	螺旋卸车机	螺旋卸车机主要由大车行走机构、螺旋起升机构、螺旋旋转机构、电气控制系统及钢结构组成，具有跨双道线卸车的能力 螺旋旋转机构完成卸车，主要通过螺旋体的旋转，螺旋叶片迅速将车箱内的两侧推出；大车行走机构用于平时的整体行走和工作时的水平进给；起升机构可将螺旋旋转机构侧向折叠、落下和工作时垂直进给。通过以上机构螺旋体具备旋转运动、水平进给和垂直进给运动，实施机械化卸车作业 目前螺旋卸车机主要广泛应用于煤炭、冶金、化工、建材等行业进行煤炭、砂子、石灰等散料的卸车作业

续表

名称	图　示	特　性
翻车机	翻车机	翻车机是具有机械化自动化的、高效低耗的一种大型卸车机械，一般由执行机构、拨车机、迁车台、推车机等单机设备组成 翻车机常用来翻卸铁路敞车所装载的散粒物料，广泛应用于火力发电厂、港口、冶金、煤炭焦化等大型现代化企业
取料机	取料机	取料机一般指斗堆取料机，也称斗轮机，是现代化工业中连续装卸散状物料的一种重要设备。其功能是向料场堆料或从料场取料 取料机主要用于港口、码头、冶金、水泥、钢铁厂、焦化厂、储煤厂、发电厂等大宗散料如矿石、煤、焦炭、砂石等在存储料场的堆放、提取作业

2．新型装卸机

近几年来，又不断出现了一些新型装卸机，见表 4.10。

表 4.10　　　　　　　　　　　　　新型装卸机

序号	名　称	特　性
1	货车货物自动装卸机	货车货物自动装卸机，是在货车两侧车箱尾部设有固定支承架，货物支承板上设有货物支承架，固定支承架两侧侧臂与货物支承架两侧侧臂之间均通过两个连杆活动连接，它们构成了两个平行四边形连杆机构；货物支承架两侧侧臂与货物支承板之间通过斜拉钢索活动连接；在固定支承架底部设有由液压泵、电动机、油箱、液压缸、活塞组成的液压传动系统，绳索绕在与活塞相连的滑轮上，绳索的一端穿过固定支承架左侧臂顶部并与货物支承架左侧臂顶部连接，绳索的另一端穿过固定支承架右侧臂顶部并与货物支承架右侧臂顶部连接。本机实用新型，装卸货物方便，装卸过程平稳，不需人力提升和卸货，省时省工。它体积小、结构紧凑、安装方便，适用于各类箱式货车
2	袋装货物装卸机	袋装货物装卸机，适合将袋装的化肥或水泥从堆放处装上运输车辆。装卸机安装在带有行走轮和门式框架的底盘上，装卸机前端装有包装袋搓起送入装置，中间部分是皮带输送装置，尾端装有包装袋码放卸载装置，前端的搓起送入装置和尾端的码放卸载装置上均装有可由手工操控进行三维活动的把手。操控灵活方便，效率高。可大大减少装卸工人的数量，减轻工人的劳动强度
3	散物装卸机	散物装卸机，由支撑物、轨道、小车和提升装置组成。支撑物与大地固定；在支撑物上焊接有轨道，小车通过固定在轨道顶端的电动机牵引沿轨道上、下滑行。当小车内装满散物时，使用者通过提升装置，使电动机牵引小车沿轨道向上滑行，滑至一定高度，小车翻转或小车侧面打开，将车内散物倒出，然后沿轨道向下滑行至初始位置。本实用新型可广泛应用于住宅区、饭店、机关的固态或液态垃圾清运，河道废弃物清运及动物高空喂料等

任务三　升降机的使用与管理

一、升降机的认知

升降机，也称升降台，是一种垂直运送人或物的起重机械，也指在工厂、自动仓库等物流系统中进行垂直输送的设备。升降机上往往还装有各种平面输送设备，作为不同高度输送线的连接装置。升降机一般采用液压驱动，故也称液压升降机。除作为不同高度的货物输送外，还广泛应用于高空的安装、维修等作业。

升降机自由升降的特点目前已经广泛运用于市政维修，码头、物流中心货物运输，建筑装潢等，安装了汽车底盘、蓄电池车底盘等能自由行走，工作高度空间也有所改变，具有质量轻、自行走、电启动、自支腿、操作简单、作业面大，特别是能够跨越障碍进行高空作业等360°自由旋转优点。

最近升降机产品改为柴油机、电动机两用旋转式升降机，又研制、生产出电瓶车载高空作业平台升降台，其特点是利用蓄电池驱动、蓄电池升降、无极变速，使高空作业更安全、更方便，噪声大大降低且环保节能。

二、升降机的分类

根据不同的标准，升降机有着不同的分类方法。

1．按升降机构分类

升降机按照升降机构的不同，可分为剪叉式升降机、升缩式升降机、套筒式升降机、升缩臂式升降机、折臂式升降机等，见表4.11。

表4.11 升降机按照升降机构不同的分类

名称	图　示	特　性
剪叉式升降机	 剪叉式升降机	剪叉式升降机，主架采用高强度锰钢矩形管精工制造，剪叉式构造可供多人同时作业，具有较高的稳定性。四轮移动方便，承载能力强，并设有各方面安全保护装置，安全可靠 剪叉式升降机适用于车间厂房、仓库、码头、建筑工地、体育场、清洁公司等行业，以及维护电力设施、钢结构厂房安装等高空作业
升缩式升降机	升缩式升降机	升缩式升降机，动力采用液压源，链条传动，安全可靠，移动轻便，具有造型美观、体积小、质量轻、升降平衡等优点。主控制升降方式为电动（手动），上下控制，还可以根据需要加装遥控装置。升降平台占用空间小，重量轻，可在各房间或楼梯口间随意移动 升缩式升降机广泛应用于工厂、宾馆、餐厅、车站、机场、影剧院、展览馆等场所，是保养机具、油漆装修、调换灯具、电器、清洁保养等用途的最佳安全器械

续表

名称	图示	特性
套缸式升降机	 套缸式升降机	套缸式升降机为多级液压缸直立上升，液压缸高强度的材质和良好的机械性能，塔形梯状护架，使升降台有更高的稳定性。即使身处 20m 高空，也能感受其优越的平稳性能 套缸式升降机应用于厂房、宾馆、大厦、商场、车站、机场、体育场等场所。主要用途：电力线路、照明电器、高架管道等安装维护，高空清洁等单人工作的高空作业
升缩臂式升降机	 升缩臂式升降机	升缩臂式升降机移动方便，有的采用折臂结构，更显紧凑。工作台既可以升高又可以水平延伸，还可以旋转。易于跨越障碍物到达工作位置 适用于库内、场物等空中作业
折臂式升降机	 折臂式升降机	折臂式升降机具有移动方便、操作简单、作业面大、平衡性能好等特点，在路面不平的情况下，既能四腿同时支撑，也可单腿支撑，便于操作使用 折臂式升降机广泛应用于车站、码头、公共建筑等需从事高空作业的行业和领域

2. 按移动方法分类

升降机按照移动方法的不同，可分为固定式升降机、拖拉式升降机、自行式升降机、车载式升降机等，见表 4.12。

表 4.12　　　　　　　　　　升降机按照移动方法不同的分类

名称	图示	特性
固定式升降机	 固定式升降机	固定式升降机，也称固定式升降平台，是一种升降稳定性好、适用性广的货物举升设备。适用于工厂生产流水线、仓库货物上下输送、工件装配等升降作业 根据不同的工作要求和使用环境，可配置不同的工作台形式、动力形式、控制方式和其他附加配件

名称	图　示	特　性
拖拉式升降机	拖拉式升降机	拖拉式升降机，具有车身小、运转灵活等特点，能在狭窄通道中工作适用于货物升高移动。车身小、运转灵活，能在狭窄通道中工作适用于货物的升高移动。控制部分安装于手柄上部，操纵简易，控制机构灵活、可靠、安全。具有超负荷自动卸荷装置，及满载下降限速装置以便有效保护车架等主要部品。纯人工操作，具有平稳、灵活、轻便无磁场与火花的特点 适用于车间厂房，仓库，超市，电梯等狭窄通道中使货物升高移动
自行式升降机	自行式升降机	自行式升降机，能够在不同高度工作状态下快速、慢速行走，可以在空中方便地操作平台连续完成上下、前进、后退、转向等工作。安全可靠耐用，作业高度可达12m，载重300kg，围栏可水平延伸极大的扩展了作业范围 适合工厂车间、广场大堂机场、园区等有高空作业
车载式升降机	车载式升降机	车载式升降机是为提高升降机的机动性，将升降机固定在蓄电池搬运车或货车上，接取汽车引擎动力，实现车载式升降机的升降功能。以适应厂区内外的高空作业 广泛应用于宾馆、大厦、机场、车站、体育场、车间、仓库等场所的高空作业；也可作为临时性的高空照明、广告宣传等

三、升降机的使用

升降机在使用过程中始终应把握安全第一的原则，注意出品合格，定期保养，并要重点注意对液压系统和安全部件进行保养。

1．使用要求

升降机在出厂前均已检验调试，各项技术指标达到设计要求，使用时只需接通电源，液压、电气系统不需调整。升降机在使用中要注意，必须放置在坚实平整的地面上，以防工作时倾翻。按下"上升"或"下降"按钮，使工作台升降。如果工作台不动，应立即停机进行检查。发现电动升降机的工作压力过高或声音异常时，应立即关机检查，以免机械遭受严重破坏；每月定期检查轴销工作状态，如发现轴销、螺钉松脱，一定要锁紧，以防轴销脱落造成事故。液压油应保持清洁，每6个月更换一次；维修保养和清扫升降机时，务必要撑起安全撑杆。

2．定期保养

升降机的定期保养方法，见表4.13。

表 4.13　　　　　　　　　　升降机的定期保养方法

保养周期	序　号	内　　容
每月保养	1	检查滚轮、中间轴及轴承；油缸销轴及轴承；臂架铰轴及轴承等润滑度和磨损情况
	2	上述各部件加注润滑油。延长轴承的使用寿命
	3	检查液压油质和油位。升降台升至最高时液压油面应高出油箱底 40～50mm。液压油色变暗，油质发粘，或油中有砂砾等异物时，应及时更换液压油。升降台的液压系统应用 32#液压油。
年终保养	1	检查液压和管道连接部位。管道有破损应马上更换；连接部位有松动时拧紧管接头
	2	卸下并拆开下降阀，用压缩空气将阀芯吹净后重新装上
	3	把油箱中的液压油全部放尽打开油箱，取出吸油过滤器，洗净后放回油箱，按原位安装。油箱中重新注满新油

3．安全部件

升降机的安全部件及使用要求，见表 4.14。

表 4.14　　　　　　　　　　升降机的安全部件及使用要求

序号	部　　件	要　　求
1	防坠安全器	防坠安全器是施工升降机上重要的一个部件，要依靠它来消除吊笼坠落事故的发生，保证乘员的生命安全。因此防坠安全器出厂试验非常严格，出厂前由法定的检验单位对它进行转矩的测量，临界转速的测量，弹簧压缩量的测量，每台都附有测试报告，组装到施工升降机上后进行额定载荷下的坠落试验，而使用中的升降机都必须每 3 个月就要进行一次坠落试验。对出厂两年的防坠安全器（防坠安全器上出厂日期），还必须送到法定的检验单位进行检测试验，以后每年检测一次。防坠安全器好坏只能通过试验和送检才能判断好坏，日常运行中是无法确定其是否好坏的，对那些超期服役的防坠安全器，早些送检和定期试验
2	安全开关	升降机的安全开关都是根据安全需要设计的，有围栏门限位、吊笼门限位、顶门限位、极限位开关、上下限位开关、对重防断绳保护开关等。坚决不许在吊笼装载超长物品、吊笼内放不下伸出吊笼外，更不允许人为取消门限位或顶门限位
3	齿轮、齿条的磨损更换	有些升降机的作业环境条件恶劣，水泥、砂浆、尘土不可能消除干净，齿轮与齿条的相互研磨，为了安全起见，必须经常检查，必要时必须更换新配件
4	暂载率	升降机频繁作业，利用率高，应考虑电动机的间断工作制问题，也就是常说的暂载率的问题（有时也称负载持续率，其定义是 $FC=$工作周期时间/负载时间×100%，其中，工作周期时间为负载时间和停机时间）。坚决不允许传动系统润滑不良或运行阻力过大，超载使用，或作频繁的启动
5	缓冲器	缓冲器是升降机安全的最后一道防线，必须设置，而且要有一定的强度，能承受升降机额定载荷的冲击，且起到缓冲的作用
6	楼层停靠安全防护门	升降机各停靠层应设置停靠安全防护门。如果不按要求设置，在高处等候的施工人员很容易发生意外坠落事故。在设置停靠安全防护门时，应保证安全防护门的高度不小于 1.8m，且层门应有联锁装置，在吊笼未到停层位置，防护门无法打开，保证作业人员安全
7	基础围栏	根据 GB10055 规定，"基础围栏应装有机械联锁或电气联锁，机构联锁应使吊笼只能位于底部所规定的位置时，基础围栏门才能开启，电气联锁应使防护围栏开启后吊笼停车且不能起动"

序号	部 件	要 求
8	钢丝绳	各部位的钢丝绳绳头应采用可靠连接方式，如浇注编织、锻造并采用楔形坚固件，如采用 U 形绳卡不得少于 3 个，绳卡数量和绳卡间距与钢丝绳直径有关，与绳径匹配的绳卡数钢丝绳直径<1010-2021-2628-36，最少绳卡数量为 3456 绳卡的间距不小于钢丝绳直径的 6 倍，绳头距最后一个绳卡的长度不小于140mm，并须用细钢丝捆扎，绳卡的滑轮放在钢丝绳工作时受力一侧，U 形螺栓扣在钢丝绳的尾端，不得正反交错设置绳卡，钢丝绳受力前固定绳卡，受力后要再紧固
9	吊笼顶部控制盒	GB10055 规定，"吊笼顶部应设有检修或拆装时使用的控制盒，并具有在多种速度的情况下只允许以不高于 0.65m/s 的速度运行。在使用吊笼顶部控制盒时，其它操作装置均起不到作用。此时吊笼的安全装置仍起保护作用。吊笼顶部控制应采用恒定压力按钮或双稳态开关进行操作，吊笼顶部应安装非自行复位急停开关，任何时候均可切断电路，停止吊笼的动作"
10	过压、欠压、错断相保护	过电压、欠电压、错断相保护装置是在当出现电压降、过电压、电气线路出现错相和断相故障时，保护装置动作，施工升降机停止运行。升降机应在过欠压、错断相保护装置可靠有效的情况下方可载人运物

4．常见故障及处理

升降机的常见故障及处理方法见表 4.15。

表 4.15 升降机的常见故障及处理方法

序号	问题现象	原 因
1	升降机升不起或上升力弱	（1）溢流阀压力调节不符合要求，调整压力到要求值
		（2）油缸内泄，检查或更换油缸组件
		（3）换向阀卡紧或内泄，检查或更换阀组件
		（4）油面过低、进油滤油器堵塞，加足油，清洗滤油器
		（5）供油泵有毛病，检查或更换泵
2	松土器升降不起或上升力弱	（1）溢流阀压力调节不符合要求，调整压力到要求值
		（2）油缸内泄，见上项（2）、（3）、（4）、（5）的排除方法
		（3）换向阀卡紧或内泄
		（4）油面过低、进油滤油器堵塞
		（5）供油泵有毛病
		（6）单向阀泄漏，检查单向阀芯与阀座磨损坏情况，单向阀弹簧是否疲劳、变形等
3	操作杆沉重	（1）操作杆机构有毛病，检查、调整、更换不合格零件；清洗阀件；检查液压油的清洁度
		（2）控制阀阀芯卡紧（制造、安装问题、污物问题）
4	液力变矩器无力	（1）液力油油量不足
		（2）调压不当
		（3）背压不足，检查变矩器油质量（是否误用液压传动用油），用量，检查变矩调压阀、背压阀及其调定压力值
5	动力换挡失灵	（1）快回阀、减压阀、动力变速阀、换向阀出现卡死、内泄漏
		（2）油污染严重，检查阀卡死原因并作相应排除，过滤或更换液力油
		（3）油温升高过大，检查冷却器是否有毛病，检查液力油的质量

项目考核评价

以学生个人为单位实行考核。

	列举常见装卸设备的类型			讨论装卸设备安全部件使用要求			得分
	自评	同学评	教师评	自评	同学评	教师评	
学生 1							
学生 2							
学生 3							
学生 4							
学生 5							

说明:

1. 每个人的总分为 100 分

2. 每人每项为 50 分制,计分标准为:参加讨论但不积极计 1～15 分,参加讨论比较积极计 16～30 分,参加讨论积极计 31～40 分,参加讨论积极且有独到见解计 41～50 分

3. 采用分层打分制,建议权重计为:自评分占 0.2,同学评分占 0.3,教师评分占 0.5,然后加权算出每位同学在本项目中的综合成绩

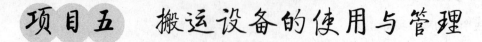
项目五 搬运设备的使用与管理

搬运设备是实现物品空间位置转移变化的硬件基础，搬运设备有很多种，适合不同运输能力、不同物品种类的多样化要求。搬运环节是物流作业的核心环节，合理地选用搬运设备是实现物流作业合理化的重要保证。常见的搬运设备包括手动搬运车、叉车、自动引导车、连续输送机等。

项目描述

学 习 目 标	器 材 工 具	教 学 建 议	课时计划
① 了解常用的搬运设备 ② 认识并掌握搬运设备的主要类型 ③ 掌握手动托盘托运车、自动导引车、连续输送机的操作 ④ 在作业中培养学生的团队精神	① 手动托盘托运车 ② 平衡重式电平叉车 ③ 自动导引车 ④ 滚道式或带式连续输送机 ⑤ 普通托盘若干	① 条件允许时，尽量在理论实践一体化教室或实训室和多媒体教室中实施教学 ② 设备操作注意事项应参照设备说明书	计划 10 学时，其中理论教学 4 学时，实践操作 4 学时，项目考核 2 学时

项目任务

将某一配送中心流通加工区类的指定托盘集装的货物，搬运至出口理货区。其操作应涉及如下工作环节：

（1）按照作业、结合搬运对象的特点，选用适当的搬运设备；

（2）应用选定的设备将指定的货物按照路线要求搬运至出口理货区；

（3）在出口理货区内进行正确码堆。

项目导学

图 示	说 明
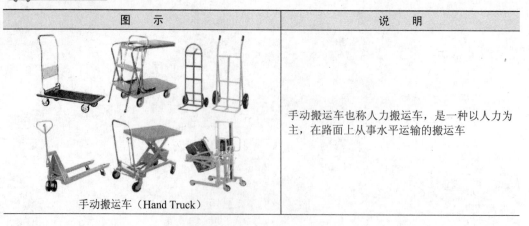 手动搬运车（Hand Truck）	手动搬运车也称人力搬运车，是一种以人力为主，在路面上从事水平运输的搬运车

续表

图　示	说　明
 叉车（Forklift）	叉车又称铲车、叉式装卸车，是装卸搬运机械中最常用的具有装卸、搬运双重功能的机械，国际标准化组织 ISO/TC110 称为工业车辆，是指对成件托盘货物进行装卸、堆垛和短距离运输作业的各种轮式搬运车辆
 自动导引车（Automated Guided Vehicle）	自动导引车（Automated Guided Vehicle，简称 AGV），通常也称为 AGV 小车，指装备有电磁或光学等自动导引装置，能够沿规定的导引路径行驶，是具有安全保护以及各种移载功能的运输车
 连续输送机（Weighing Machine）	连续输送机是以连续、均匀、稳定的输送方式，沿着一定的线路从装货点到卸货点输送散料和成件包装货物的机械装置，简称为输送机。 输送机在现代物流系统中，物别是在港口、车站、库场、货栈内，承担大量货物的运输，同时也是现代化立体仓库中的辅助设备，它具有把各物流站衔接起来的作用

任务一　手动搬运车的使用与管理

一、手动搬运车的认知

　　广义的手动搬运车也称为人力搬运，是一种以人力为主，在路面上从事水平运输的搬运车。这是最古老，但至今仍是应用最广泛的搬运设备之一。手动搬运车具有轻巧灵活、易操作、回转半径小、价格低等优点，广泛使用于车间、仓库、站台、货场等处，是短距轻小货物的一种方便而经济的搬运工具。随着手动液压、电动液压技术的应用，并与托盘运输相结合，目前已成为车间、仓库、站台、货场等最常见的搬运方式。

　　手动搬运车的始祖是手推车。手推车是人力推、拉的搬运车辆。手推车有独轮、两轮、三轮和四轮之分。独轮车可在狭窄的跳板、便桥和羊肠小道上行驶，能够原地转向，倾卸货物十分便利。常用的两轮车有搬运成件物品的手推搬运车（又称老虎车）、架子车和搬运散状物料的斗车等。三轮手推车中有一个、四轮手推车中有两个可绕铅垂轴回转的回转脚轮。这种回转脚轮在运行中能随着车辆运动方向的改变而自动调整到运行阻力最小的方向。不同用途的手推车有不同的车体结构。通用四轮手推车多半有一个载货平台。专用手推车则结构繁多、有的车体制成箱形，适于搬运重量轻而便于装卸的物品；有的车体伸出托架，便于安放杆、轴和管子等零件；有的车体形状完全与货物吻合，如气瓶车；有的十分小巧，可以折叠，便于携带；有的为便于装卸桶装液体、纸卷等筒状货物，车体上有两条扁钢形成低矮斜面，以利于筒状物滚上滚下，如筒状货物装卸车。现代手推车都装有滚动轴承，车轮用实心轮胎或充气轮胎。手推车以造价低廉、维护简单、操作方便、自重轻等优点，广泛应用在机动车辆不便使用的地方工作，在短距离搬运较轻的货物时十分方便。

狭义的手动搬运车是特指在使用时将其承载的货叉插入托盘孔内，由人力驱动液压系统来实现托盘货物的起升和下降，并由人力拉动完成搬运作业的人力搬运车。它是托盘运输工具中最简便、最有效、最常见的装卸、搬运工具，广泛应用于物流、仓库、工厂、医院、学校、商场、机场、体育场馆、车站机场等，可以极大地提高工作效率，减轻工人的劳动强度。

二、手动搬运车的分类

目前在物流业中使用的手动搬运车多种多样，常用的分类见表5.1。

表5.1 手动搬动车的分类

名　　称	图　　形	适 用 范 围	主 要 参 数
杠杆式手推车（Hand Truck）	 杠杆式手推车	二轮杠杆式手推车是最古老的、最实用的人力搬运车，具有轻巧、灵活、转向方便等特点，但因靠体力装卸、保持平衡和移动，所以仅适合装载较轻、搬运距离较短的场合 为适合现代的需要，目前还采用自重轻的型钢和铝型材作为车体；车轮阻力小且耐磨，车体可折叠、便携	车体（宽×长）300～450mm×180～260mm 高度1000mm、1070mm、1240mm 车轮（ϕ）150mm、220mm 载重量60kg、150kg、250kg
手推台车（Platform Truck）	 手推台车	手推台车是一种以人力为主的搬运车。轻巧灵活、易操作、回转半径小，广泛应用于车间、仓库、超市、食堂、办公室等，是短距离、运输轻小物品的一种方便而经济的搬运工具。一般，每次搬运量为5～500kg，水平移动30m以下，搬运速度小于30m/min	手推台车主要有平台式手推车（单栏平台式、双栏平台式、多层平台式等）和天平式手推车（适用长大物料）两类。其主要参数：动载重/静承重 500～2000/4×（500～2000）kg

续表

名　　称	图　　形	适　用　范　围	主　要　参　数
登高式手推台车（Ascerding Dispath Trolley）	 登高式手推台车	当人需要向较高的货架内存取轻小型的物料时，可采用带梯子的登高式手推台车，以提高仓库的空间利用率，适用于图书、标准件等仓库进行拣选、运输作业	
手动托盘搬运车（Manual Pallet Trucks）	 手动托盘搬运车	手动托盘搬运车，在使用时将其承载的货叉插入托盘孔内，由人力驱动液压系统来实现托盘货物的起升和下降，并由人力拉动完成搬运作业。它是托盘运输中最简便、最有效、最常见的装卸、搬运工具	
手动液压升降平台车（Scissor Lift Table）	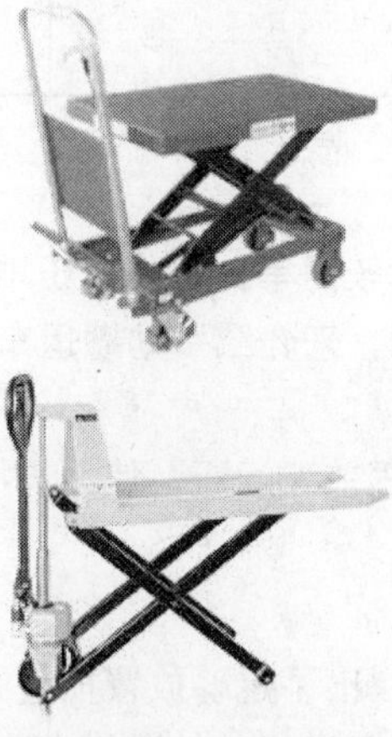 手动液压升降平台车	手动液压升降平台车是采用手压或脚踏为动力，通过液压驱动使载重平台作升降运动的手推平台车。可调整货物作业时的高度差，减轻操作人员的劳动强度	
手推液压堆高车（Manual Hydraulic Stacker）	 手摇机械式 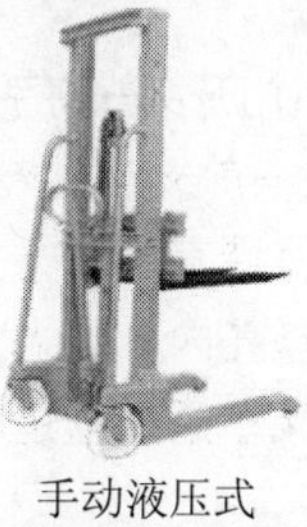　手动液压式	手推液压堆高车是利用人力推拉运行的简易式插腿式叉车。其起升机构包括手摇机械式（左图上）、手动液压式（左图中）和电动液压式（左图下）三种，适用于工厂车间、仓库内效率要求不高，但需要有一定堆垛、装卸高度的场合	载重量500～1000kg 起升高度 1000～3000mm 货叉最低离地高度≤100mm

续表

名 称	图 形	适 用 范 围	主 要 参 数
	 电动液压式		
其他 (others)	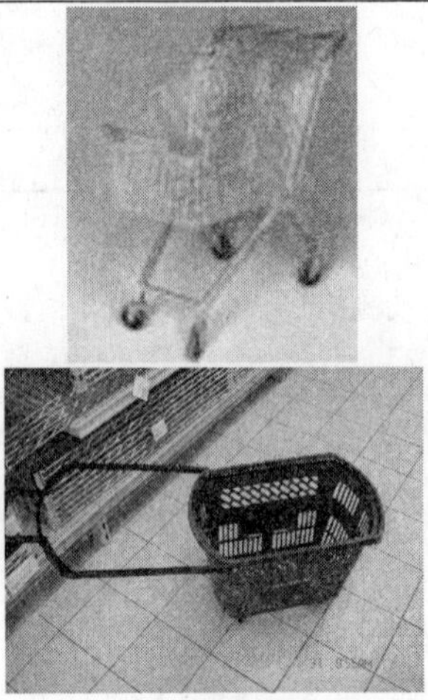 其他手动搬动车	其他的手动搬动车如手推式购物车、手推与手提两用型购物篮等	

三、手动搬运车的使用

手推车、手推台车和超市购物车（篮）的使用比较简单，手动液压堆高车的使用已在项目四中进行了重点介绍，这里以手动托盘搬运车为例，来介绍手动搬运车的使用方法。

在使用前，首先要做好如下几个方面的准备工作。

① 检查设备完好。比如气门开关良好，调整两根前叉间距，使之与托盘叉孔间距适宜，行驶轮行驶、转向灵活。

② 制订一份简练的搬运单，并指定好搬运线路。

③ 入货区货物已集中到指定的托盘上，卸货区腾出了足够放置托盘的位置。

使用中主要由直线搬运和转弯搬运两种路线的搬运模式。其操作方法与流程如下。

（1）直线搬运

双手紧握手柄→推至承载货物的托盘下→按下气门开关→将手柄上下摆动，加强液压，至托盘离开地面3～5cm→推或拉至目的地→还原空气开关→前叉落地→托盘摆正→叉车归位→结束。

在搬运过程中，注意双手用力均衡，使叉车保持直线运行。

手动叉车，在使用时将其承载的货叉插入托盘孔内，由人力驱动液压系统来实现托盘的起升和下降，并由人力拉动完成搬运作业。手动叉车是托盘运输中最简便、最有效、最常见的装卸、搬运工具。

（2）直角转弯搬运

操作流程同上。搬运路线由直线与直角转弯构成。

注意直角转弯时，以所转方向的前端行驶轮为基准，当行驶至离该轮对准托盘上同向的叉孔时，然后以该轮为圆心，前端另一轮与之构成的线段为半径，转90°，使这一前轮也对准托盘的另一叉孔，最后再直线运行，直到插入托盘叉孔的适当位置。

直角转弯的操作技巧在于操作人员的两只手上，与转向同向的那只手压稳托盘手柄，另一只手轻推，方使托盘前叉顺利转动90°。

任务二 叉车的使用与管理

一、叉车的认知

叉车称铲车、叉式装卸车，是装卸搬运设备中最常用的具有装卸、搬运双重功能的机械。国际标准化组织 ISO/TC110 又称其为工业车辆，是指对成件托盘货物进行装卸、堆垛和短距离运输作业的各种轮式搬运车辆。

叉车广泛应用于港口、车站、机场、货场、工厂车间、仓库、物流中心和配送中心等，并可进入船舱、车厢和集装箱内进行托盘货物的装卸、搬运作业，是托盘运输、集装箱运输必不可少的设备。

叉车在物流系统中扮演着非常重要的角色，是物料搬运设备中的主力军，广泛应用于车站、港口、机场、工厂、仓库等国民经济各部门，是机械化装卸、堆垛和短距离运输的高效设备。自行式叉车出现于 1917 年。第二次世界大战期间，叉车得到发展。中国从 20 世纪 50 年代初开始制造叉车。特别是随着中国经济的快速发展，大部分企业的货物搬运已经脱离了原始的人工搬运，取而代之的是以叉车为主的机械化搬运。因此，在过去的几年中，中国叉车市场的需求量每年都以两位数的速度增长。

叉车是目前使用比较广泛的一种物流设备，在物流作业现场使用叉车可以大幅度提高效率，减轻工人劳动强度。其工作特点见表 5.2。

表 5.2 叉车的工作特点

序 号	特 点	说 明
1	功能多样	叉车是典型的功能集成型物流设备，同时具有装卸和搬运的双重功能，可以实现作业对象向多个方向的搬运操作
2	灵活性强	叉车具有外形尺寸小、重量轻、转弯半径小、运行机动灵活的特点，可以在较小的作业区域内灵活调度，具有非常广阔的应用范围
3	通用性强	叉车可以实现"一车多用"，通过配合使用叉车、夹持器等各种属具，可以实现不同种类、不同形状、不同尺寸的货物的搬运装卸作业
4	易于维护	叉车简单实用，相对于大型自动立体仓库等设备，叉车的维护非常简单

二、叉车的分类

叉车是物流活动中使用最为广泛的设备，叉车根据不同的标准有着不同的分类方法，大致可以从动力装置、结构功能、叉具变形等几个角度进行分类。

1．按照动力装置分类

叉车按动力装置的不同，可以分为内燃式叉车、电动式叉车、双动力叉车、手动液压叉车四种，见表 5.3。

表 5.3 叉车按照动力装置的不同进行分类

分　类	特　点	适　用　范　围
内燃式叉车	以内燃机为动力，一般采用柴油、汽油、液化石油气或天然气发动机作为动力，载荷能力 1.2～8.0t，作业通道宽度一般为 3.5～5.0m	动力性和机动性好，适用范围非常广泛。通常用在室外、车间或其他对尾气排放和噪声没有特殊要求的场所。由于燃料补充方便，因此可实现长时间的连续作业，而且能胜任在恶劣的环境下（如雨天）工作
电动式叉车	以电动机为动力，蓄电池为能源。承载能力为 1.0～8.0t，作业通道宽度一般为 3.5～5.0m。特点：结构简单，机动灵活，环保性好。不足：动力持久性差，需要专用的充电设备，行驶速度不高，对路面要求高	主要适用于室内作业的场合。广泛应用于室内操作和其他对环境要求较高的工况，如医药、食品等行业
双动力叉车	同时具有内燃、电动两种动力，其载重范围和行走距离与内燃式叉车类似	室内室外均可适用。一般情况下首先使用电动机作为动力源，电力不足或行走距离较长时，方使用内燃机提供动力
手动液压叉车	以人力作为动力，并使用液压传动进行省力。承载能力为 0.5～2.0t，其车体紧凑、移动灵活、自重轻、环保性能好	在室内广泛使用

2. 按照结构功能分类

叉车按结构功能的不同进行的分类见表 5.4。

表 5.4 叉车按照结构功能的不同进行分类

名　称	图　示	特　性
平衡重式叉车	 平衡重式叉车	平衡重式叉车是叉车中机动性最高的叉车，也是目前使用最广泛的叉车，占叉车总量的 80%。其货叉位于叉车的前部，为平衡货物重量产生的倾翻力矩，保持叉车的纵身稳定性，在叉车的后部装有平衡重。平衡重式叉车需要较大的作业空间，对货物体积没有要求，动力较大，有较强的地面适应能力和爬坡能力，适用于室外作业
插腿式叉车	 插腿式叉车	插腿式叉车的两条腿向前伸出，支撑在很小的车轮上，货物的重心落到车辆的支撑平面内，稳定性好，没有平衡重。一般由电动机驱动，蓄电池供电。其特点是起重量小（一般在 2t 以下），结构简单，外形小巧，但速度低，对地面要求高。适用于通道狭窄的仓库内作业
前移式叉车	 前移式叉车	前移式叉车有条前伸的支腿，货物重心落到车辆的支撑平面内，稳定性很好。承载能力为 1.0～2.5t，门架可以整体前移或缩回，缩回时作业通道宽度一般为 2.7～3.2m，提升高度最高可达 11m 左右，常用于仓库、车间内中等高度的堆垛、取货作业

续表

名　称	图　示	特　性
侧面式叉车	侧面式叉车	侧面式叉车的门架和货叉在车体的一侧。采用柴油发动机作为动力，承载能力为 3.0～6.0t。在不转弯的情况下，具有直接从侧面叉取货物的能力。主要用来在窄通道内作业，或叉取长条形的货物，如木条、钢筋等
低位拣选叉车	低位拣选叉车	低位拣选叉车通常配备一个三向堆垛头，叉车不需要转向，货叉旋转就可以实现两侧的货物堆垛和取货，通道宽度为 1.5～2.0m，提升高度可达 12m。叉车的驾驶室始终在地面不能提升，考虑到操作视野的限制，主要用于提升高度低于 6m 的工况
高位拣选叉车	高位拣选叉车	与低位拣选叉车类似，高位拣选叉车也配有一个三向堆垛头，通道宽度为 1.5～2.0m，提升高度可达 14.5m。其驾驶室可以提升，驾驶员可以清楚地观察到任何高度的货物，也可以进行拣选作业。高位拣选叉车在效率和各种性能都优于低位拣选叉车，因此该车型已经逐步替代低位拣选叉车。主要适用于多品种少量入出库的特选式高层货架仓库
集装箱叉车	集装箱叉车	集装箱叉车采用柴油发动机作为动力，承载能力为 8.0～45.0t，一般分为空箱堆高机、重箱堆高机和集装箱正面吊。应用于集装箱搬运，如集装箱堆场或港口码头作业
跨运车	跨运车	跨运车是用于码头前沿和堆场水平搬运和堆码集装箱的专用机械。跨运车以门形车架跨在集装箱上，由装有集装箱吊具的液压升降系统吊起集装箱，进行搬运，并可以集装箱堆码二三层高，是集装箱装卸设备中的主力机型，通常承担由码头前沿到堆场的水平运输以及堆场的集装箱堆码工作。由于跨运车具有机动灵活、效率高、稳定性好、轮压低等特点，得到普遍的应用。尤其是采用跨运车作业对提高码头前沿设备的装卸效率十分有利

续表

名　称	图　示	特　性
油桶搬运叉车	 油桶搬运叉车	油桶搬运叉车是在普通叉车基础上增加了油筒夹具和翻转器械而构成的。常用的有手动机械式油桶搬运叉车、手动液压式油桶搬运叉车、手动液压过磅式油桶搬运叉车（起升高度方便使用台秤称量）、手动液压升降倾斜式油桶搬运叉车（均可单桶、轻型双桶、重型双桶、四桶与1～5t叉车配套使用）、半电动油桶搬运叉车（电升手翻型、电升电翻型）
防爆叉车	防爆叉车	防爆叉车是指带有防爆装置、具有隔爆防爆功能的叉车。防爆叉车广泛应用于石油、化工、制药、轻纺、军工、油漆、颜料、煤炭等工业部门及港口、铁路、货场、仓库等含有爆炸性混合物的场所进行装卸、堆码和搬运作业

3．按照属具变形分类

叉车除了使用货叉作为最基本的工作属具外，还可以根据需求开发配装多种可换属具。如侧移装置、环卫属具、夹抱器、旋转器、桶夹、串杆、吊钩、货斗等。常见叉车属具的主要部件有固定部件——支架、工作装置、工作油缸、胶管卷进卷出装置，简易属具——起重臂、串杆、油桶钳等。

货叉是叉车最普通的工作属具，另外铲斗、叉套、吊杆、平抱夹、旋转抱夹、挑杆、桶夹、推出器、圆木夹、起重臂、可横移的货叉或侧移器、倾翻货叉、前移叉、全自动起升货叉都是属于叉车属具。

叉车按属具变形的不同，可进行的分类见表5.5。

表5.5　　　　　　　　　　　　　叉车按照属具变形不同分类

名　称	图　示	特　性
货叉	货叉	货叉是叉车最常用的属具，是叉车重要的承载构件。货叉形状呈L形，水平段用来叉取并承载货物。如果搬运体积大、质量轻的大件货物，需要用加长货叉或在货叉上套装加长套
起重臂	起重臂	起重臂通常采用的是变幅吊架，通过移动吊钩来吊取货物，幅度变化越大，起重量越小

续表

名　称	图　示	特　性
夹持器	 夹持器	夹持器由两个夹臂组成，通过夹臂夹持货物，实现无托盘作业。夹持器的夹臂有直角形和圆弧形两种。直角形夹臂的内侧为平面，适合于搬运箱类和软包。圆弧形夹臂的内侧为弧面，适合于搬运筒形和卷材
集装箱吊具	 集装箱吊具	集装箱吊具是集装箱叉车用于搬运集装箱的专用属具，包括定位机构、夹持机构等几个部分
串杆	 串杆	对于空心的筒状货物可以用串杆进行搬运，串杆主要适用于形状不规则、具有中空部分的货物
间距可调式货叉	 间距可调式货叉	间距可调式货叉的两个货叉之间的间距可以通过液压装置进行调节，适用于不便于底部货叉插入的货物的搬运
铲斗	 铲斗	铲斗适合于散装货物的搬运
推拉器	 推拉器	推拉器是可以将货物连同滑板一起进行装卸的属具

名　称	图　示	特　性
倾翻叉	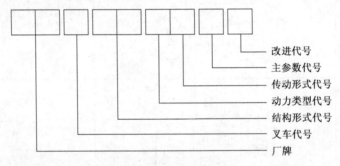倾翻叉	货物的存储位置不完全与地面水平时，可以使用倾翻叉叉取货物，以便提高作业效率

三、叉车的使用

叉车是最为常用的物流设备，应根据作业对象的不同，选取不同型号、不同使用性能和技术指标的叉车进行作业，因此还应了解叉车的基本结构、使用方法和维护方法。

1．叉车的型号

根据 JB 2389—1978《起重运输机械产品型号编制方法》，叉车的型号按类、组、型原则编制，叉车的型号标注由七项内容组成：厂牌、叉车代号、结构形式代号、动力类型代号（用燃料代号表示）、传动形式代号、主参数代号和改进代号。

叉车型号的编制规则如图 5.1 所示。

改进代号
主参数代号
传动形式代号
动力类型代号
结构形式代号
叉车代号
厂牌

图 5.1　叉车型号编制示意图

叉车型号的编制规则见表 5.6。

表 5.6　　　　　　　　　　　　　叉车型号的编制规则

序号	内　容	规　则
1	厂牌	有的企业用两个汉语拼音字母表述，有的用两个汉字表示，厂牌由厂家自定
2	叉车代号	用叉车的汉语拼音第一个字母 C 表示
3	结构形式代号	P 表示平衡重式，C 表示侧叉车，Q 表示前移式，B 表示底起升高度插腿式，T 表示插入插腿式，Z 表示跨入插腿式，X 表示集装箱叉车，K 表示通用跨车，KX 表示集装箱跨车，KM 表示龙门跨车
4	动力类型代号	汽油机标字母为 Q，柴油机标字母为 C，液态石油气机标字母为 Y
5	传动类型代号	机械传动不标字母，动液传动标字母 D，静液传动标字母 J
6	主参数代号	用额定起重量（t）*10 表示，原机械工业部部颁标准起升质量不乘 10
7	改进代号	按汉语拼音字母的顺序表示

2．叉车的技术指标

叉车的技术参数是用来说明和反映叉车的结构特性和工作性能的。叉车的技术参数包括性能参数、尺寸参数及质量参数。

叉车的性能参数包括最大起升高度、载荷中心距、门架倾角、满载最大起升速度、满载最大运行速度、牵引力、满载爬坡度、最小转弯半径、直角堆垛的最小通道宽度、90°交叉通道宽度等。

叉车的尺寸参数包括最小离地间隙、轴距、前后轮距、外廓尺寸等。

叉车的质量参数包括额定起升质量、整备质量等。

叉车的技术指标及含义见表 5.7。

表 5.7　　　　　　　　　　　　叉车的技术指标及含义

序号	技术指标	含　义
1	额定起升质量 m_e	额定起升质量指用货叉起升货物时，货物重心至货叉垂直段前壁的距离不大于载荷中心距时，允许起升货物的最大质量 额定起升质量系列有 0.5t、0.75t、1.0t、1.5t、2.0t、3.0t、4.0t、5.0t、8.0t、10t、12t、15t、16t、20t、25t、32t、40t
2	载荷中心距 c	载荷中心距指在货叉上放置标准形状的额定起升质量的货物，在确保叉车纵向稳定时，其重心至货叉垂直段前壁间的水平距离
3	最大起升高度 H_{max} 和自由起升高度	最大起升高度指叉车在平坦坚实的地面上，满载、轮胎气压正常、门架直立，货物升至最高时，货叉水平段的上表面至地面的垂直距离 自由起升高度指在不改变叉车的总高的情况下货叉可能起升的最大高度
4	门架倾角	门架倾角是指无载叉车在平坦、坚实的地面上，门架相对其垂直位置向前和向后倾斜的最大角度 门架前倾角 α：作用是便于叉取和卸放货物 门架后倾角 β：作用是当叉车带货行驶时防止货物从货叉上滑落
5	最大起升速度 v_{hmax}	最大起升速度通常指叉车在坚实的地面上满载时，货物举升的最大速度
6	最大运行速度 v_{amax}	最大运行速度一般指叉车满载时，在干燥、平坦、坚实的地面上行驶时所能达到的最大速度
7	满载最大爬坡度 i_{max}	满载最大爬坡度指叉车满载时，在干燥、坚实的路面上，以低速挡等速行驶所能爬越的最大坡度
8	最小离地间隙 h_{min}	最小离地间隙指除了车轮以外车体最低点与地面的间隙
9	最小转弯半径 R_{min}	最小转弯半径指叉车在空载低速行驶、转向轮处于最大偏转角时，瞬时转向中心距叉车最外廓点之间的距离（mm）
10	直角堆垛最小通道宽度	直角堆垛最小通道宽度指能够满足叉车在货堆间的直线通道上作 90°转弯进行叉取作业时，所需要的最小通道宽度值
11	直角交叉最小通道宽度	直角交叉最小通道宽度指叉车能够顺利通过垂直交叉通道的最小通道宽度
12	最大牵引力	轮周牵引力：原动机发出的扭矩，经减速传动装置，最后在驱动轮轮周上产生的切向力 拖钩牵引力：轮周牵引力在克服叉车行驶时本身遇到的外部阻力后，在叉车尾部的拖钩上剩余的牵引力
13	自重和自重利用系数	自重指加满油、水后叉车本身的重量 自重利用系数指起重量与载荷中心距的乘积与叉车自重的比值
	其他技术参数	除上述参数外，还有外形尺寸、前后桥负荷、轮压、轴距和轮距等

3．叉车的主要性能

叉车的各种技术指标反映了叉车的性能，见表5.8。

表5.8　　　　　　　　　　　叉车的主要性能

序号	主 要 性 能	含 　 义
1	装卸性	装卸性指叉车的起重能力和装卸快慢的性能。装卸性能的好坏对叉车的生产率有直接的影响。叉车的起重量大、载荷中心距大、工作速度高则装卸性能好
2	牵引性	牵引性表示叉车的行驶和加速快慢、牵引力和爬坡能力大小等方面的性能。行驶和加速快、牵引力和爬坡能力大则引力性能好
3	制动性	制动性表示叉车在行驶中根据要求降低车速及停车的能力。通常以在一定行驶速度下制动距离的大小来加以衡量。制动距离小则制动性能好
4	机动性	机动性表示叉车的灵活性。最小转弯半径小、直角交叉通道宽度和直角堆垛通道宽度小，则机动性好
5	通过性	通过性是指叉车克服道路障碍而通过各种不良路面的能力。叉车的外形尺寸小、轮压小、离地间隙大、驱动轮牵引力大，则叉车的通过性能好
6	操纵性	操纵性指叉车操作的轻便性和舒适性。如果需要加于各种操作手柄、踏板及转向盘上的力小、驾驶员座椅与各操作件之间的位置布置得当等，则操纵性好
7	稳定性	稳定性是指在作业过程中抵抗倾翻的能力，是保证叉车工作安全的重要指标。叉车的稳定性分为纵向稳定性和横向稳定性。平衡重式叉车由于货物重力及惯性力的作用有可能向前纵向倾翻，转弯时离心力可能使叉车横向倾翻
8	经济性	经济性主要指叉车的造价和劳动费用，包括劳动消耗、生产率、使用和耐磨程度等

4．叉车的典型结构

叉车的种类很多，但其构造基本相似，主要由发动机、底盘（行走机构）、车体、起升机构、液压系统及电气设备等组成，见表5.9。

表5.9　　　　　　　　　　　叉车的主要结构

序号	主要结构	特 　 点
1	发动机	发动机是内燃叉车的动力装置，将燃油的产生的热能转变为机械动力，通过底盘的传动系统和行驶系统驱动叉车行驶，并通过液压系统驱动工作装置，完成货物装卸
2	底盘	底盘用来支撑车身、传递发动机发出的动力，使叉车产生运动，并保证叉车能够正常行驶。底盘由传动系统、行驶系统、转向系统和制动系统组成 （1）传动系统将发动机发出的动力传给驱动车轮。传动系统由离合器、变速器、万向传动装置和驱动桥等组成 （2）行驶系统把叉车各总成、部件联接成一个整体，并支撑全车，使之适应行驶和作业需要 （3）转向系统用以保证叉车能按照驾驶员所操纵的方向行驶，转向系统由转向器和转向转动装置组成 （4）制动系统用以根据行驶和作业需要降低车速，以至停车。制动系统由制动器和制动传动机构组成
3	车体	叉车的车体与车架合为一体，由型钢组焊而成。置于叉车后部、与车型相适应的铸铁块为配重，其质量根据叉车额定起重量的大小而决定，在叉车载重时起平衡作用，以保持叉车的稳定性
4	工作装置	叉车的工作装置是叉车进行装卸作业的工作部分，承受全部货重，并完成货物的叉取、升降、堆放和码垛等工序。叉车的工作装置由货叉、货叉架、内外门架、起重链条、滚轮、滑轮、起升油缸、倾斜油缸等组成

续表

序号	主要结构	特 点
5	液压系统	叉车的液压系统由油箱、齿轮液压泵、多路换向阀、限速阀、液压缸、高低压油管等组成,利用工作液体传递能量的传动机构,即通过油液的压力使工作液压缸产生推力,使货叉升降、门架前后倾并驱动传动的属具或叉车转向机构等,以达到装卸、码垛货物或转向的目的
6	电气设备	叉车的电气设备由电源部分(包括蓄电池、发电机和发电机调节器)、用电部分(包括起动机、汽油机的点火系统、照明装置和信号装置)等组成

5. 叉车的使用方法

叉车的使用步骤及注意事项见表 5.10。

表 5.10 叉车的使用步骤及注意事项

序号	操作步骤	注 意 事 项
1	检查车辆	(1)叉车作业前,应检查叉车的外观,加注燃料、润滑剂和冷却水 (2)检查启动、运转及制动的性能 (3)检查灯光、音响信号是否齐全有效 (4)叉车运行过程中应检查压力、温度是否正常 (5)叉车运行后还应检查外泄漏情况并及时更换密封件 (6)蓄电池叉车除检查以上内容外,还应按蓄电池车的有关规定检查内容,对蓄电池叉车的电路进行检查
2	起步	(1)起步前,观察四周,确认无妨碍行车安全的障碍后,先鸣笛,后启动 (2)气压制动的车辆,制动气压表读数须达到规定值方可启动 (3)叉车在载物启动时,应先确认所载货物已平衡可靠 (4)启动时须缓慢平衡
3	行驶	(1)行驶时,货叉底端距地面应保持 300~400mm,门架须后倾 (2)行驶时,不得将货叉升得太高。进出作业现场或在行驶途中,要注意上空有无障碍物刮碰;载物行驶时,如货叉升得太高,还会增加叉车总体重心高度,影响叉车的稳定性 (3)卸货后,应先降落货叉至正常的行驶位置后,再行驶 (4)转弯时,如附近有行人或车辆,应发出信号,并禁止高速急转弯。高速急转弯会导致车辆失去横向稳定而倾翻 (5)内燃机叉车在下坡时,严禁熄火滑行 (6)非特殊情况,禁止载物行驶中紧急制动 (7)载物行驶在超过 7°和用高于一挡的速度上下坡时,非特殊情况,不得使用制动器 (8)叉车在运行时,要遵守厂内交通规则,必须与前面的车辆保持一定的安全距离 (9)叉车运行时,载荷必须处在不妨碍行驶的最低位置,门架要适当后倾。除堆垛或装车时,不得升高载荷。在搬运庞大货物时,货物会挡住驾驶员的视线,此时应倒开叉车 (10)叉车由后轮控制转向,所以必须时刻注意车后的摆幅,避免出现转弯过急的现象 (11)禁止在坡道上转弯,也不应横跨坡道行驶
4	装卸	(1)叉载货物时,应按需调整两货叉间距,使两叉负荷均衡,不得偏斜,货物的一面应贴靠挡货架,叉载的重量应符合载荷中心线曲线标志牌的规定 (2)载物的高度不得遮挡驾驶员的视线 (3)在进行货物装卸的过程中,必须用制动器制动叉车 (4)叉车接近或撤离货物时,车速应缓慢平稳,注意车轮不要碾压货物、垫木等,以免碾压物飞起伤人

续表

序号	操作步骤	注意事项
4	装卸	（5）用货叉叉取货物时，货叉应尽可能深地叉入载荷下面，还要注意货叉尖不能碰到其他货物或物件。应采用最小的门架后倾来稳定载荷，以免载荷向后滑动。放下载荷时，可使门架少量前倾，以便于安放载荷和抽出货叉 （6）禁止高速叉取货物和用叉头向坚硬物体碰撞 （7）叉车作业时，禁止人员站在货叉上 （8）叉车作业时，禁止人员站在货叉周围，以免货物倒塌伤人 （9）禁止用货叉举升人员从事高处作业，以免发生高处坠落事故 （10）不准用制动惯性溜放货物 （11）不准在码头岸边直接叉装船上货物 （12）禁止使用单叉作业 （13）禁止超载作业

6．叉车的维护注意事项

对叉车必须定期进行维护。叉车的维护一般分为日常维护、一级维护、二级维护和季节维护。

① 检修车辆时，应将变速杆置于空挡，采取制动、掩轮以及支顶起重滑架等防护措施。

② 内燃机叉车在发动机没熄火前，不准加注燃料。

③ 汽油发动机化油器回火故障未排除前，不得行驶叉车。

④ 严禁汽油发动机高压分缸线"吊火"。

⑤ 蓄电池叉车除应遵守上述有关操作规程外，还应遵守蓄电池车的有关安全操作规程。

任务三　自动导引车的使用与管理

一、自动导引车的认知

自动导引车（Automated Guided Vehicle，AGV），通常也称 AGV 小车，是指装备有电磁或光学等自动导引装置，能够沿规定的导引路径行驶，具有安全保护以及各种移载功能的运输车。AGV 属于轮式移动机器人（Wheeled Mobile Robot，WMR）的范畴。

根据美国物流协会定义，AGV 是指装备有电磁或光学自动导引装置，能够沿规定的导引路径行驶，具有小车编程与停车选择装置、安全保护以及各种移载功能的运输小车，AGV 是现代物流系统的关键装备，是以电池为动力，装有非接触导向装置、独立寻址系统的无人驾驶自动运输车。AGVS 是自动导引车系统，由若干辆沿导引路径行驶，独立运行的 AGV 组成，AGVS 在计算机的交通管制下有条不紊地运行，并通过物流系统软件而集成于整个工厂的生产监控与管理系统中。

按日本 JISD6801 的定义，AGV 是以电池为动力源的一种自动操纵的工业车辆。AGV 只有按物料搬运作业自动化、柔性化和准时化的要求，与自动导向系统、自动装卸系统、通信系统、安全系统、管理系统等构成自动导引车系统（Automatic Guided Vehicle System，AGVS）才能真正发挥作用。AGVS 则是指 AGV 在中央控制计算机的管理下协调工作，并同其他物流设备实现高度集成，具备相当的柔性，而且可以通过车载计算机和网上主机与其他设备进行通信的自动化物料输送系统。

我国国家标准《物流术语》中，对 AGV 及 AGVS 的定义如下。

AGV：装有自动导引装置，能够沿规定的路径行驶，在车体上具有编程和停车选择装置、安全保护装置以及各种物料移载功能的搬运车辆。

AGVS：多台 AGV 在控制系统的统一指挥下，组成一个柔性化的自动搬运系统，称为自动导引车系统。

AGV 是集人工智能、信息处理和图像处理为一体，涉及计算机、自动控制、信息通信、机械设计、电子技术等多个学科的物流自动化研究和应用的热点之一，是自动化搬运系统、物流仓储系统、柔性制造系统（FMS）和柔性装配系统（FAS）的重要装备。

1913 年，美国福特汽车公司使用有轨底盘装配车。1953 年，美国 Barrett Electric 公司制造了世界上第一台采用埋线电磁感应式的跟踪路径自动导向车，也被称作"无人驾驶牵引车"。20 世纪 70 年代中期，具有载货功能的 AGV 在欧洲得到迅速发展和应用，并被引入美国用于自动化仓储系统和柔性装配系统的物料运输。从 80 年代初开始，新的导向方式和技术得到更广泛研究和开发。主要有电磁感应引导、激光引导、磁铁陀螺引导等方式，其中激光引导方式发展较快，但电磁感应引导和磁铁陀螺引导方式也占有较大比例。90 年代以来，AGV 从仅由大公司应用，正向小公司单台应用转变，而且其效率和效益更好。到 90 年代，全世界已拥有 AGV 达 10 万台以上。

AGV 在我国的研究及应用起步较晚。20 世纪 70 年代后期，北京起重运输机械研究所研制了三轮式 AGV。80 年代后期，北京机械工业自动化研究所为二汽研制了用于立体化仓库中的 AGV。沈阳自动化研究所为金杯汽车公司研制了汽车发动机装配用的 AGV。90 年代，清华大学国家 CIMS 工程中心将从国外引进的 AGV 成功应用于 EIMS 的实验研究，清华大学计算机技术应用系研制了用于邮政中心的 AGV，昆明船舶设备研究所研制了激光导向式 AGV 以及吉林工业大学为汽车装配线研制了视觉导向 AGV 等。

AGV 能实现柔性运输，使用灵活、运输效率高、节能、工作可靠、无公害、可以改善工作环境。目前国外的 AGV 已广泛应用于汽车制造业、新闻印刷业、电子工业、机械加工业、家用电器业、自动仓库、图书馆、医院等领域。AGV 在国内也已逐步进入汽车制造、电子加工、自动仓库、图书馆等领域。

AGV 以电池为动力，可实现无人驾驶的运输作业。其主要功能表现为能在计算机监控下，按路径规划和作业要求，精确地行走并停靠到指定地点，完成一系列作业功能。AGV 以轮式移动为特征，较之步行、爬行或其他非轮式的移动机器人具有行动快捷、工作效率高、结构简单、可控性强、安全性好等优势。与物料输送中常用的其他设备相比，AGV 的活动区域无需铺设轨道、支座架等固定装置，不受场地、道路和空间的限制。因此，在自动化物流系统中，最能充分地体现其自动性和柔性，实现高效、经济、灵活的无人化生产，所以人们形象地把 AGV 称作是现代物流系统的动脉。AGV 的工作特点见表 5.11。

表 5.11　　　　　　　　　　　AGV 的工作特点

序号	特　点	说　　明
1	自动化程度高	AGV 由计算机、电控设备、电磁感应激光反射板等控制。当某一环节需要辅料时，由工作人员向计算机终端输入相关信息，计算机终端再将信息发送到中央控制室，由专业的技术人员向计算机发出指令，在电控设备的合作下，这一指令最终被 AGV 接受并执行——将辅料送至相应地点
2	充电自动化	当 AGV 的电量即将耗尽时，会向系统发出请求指令，请求充电（一般技术人员会事先设置好一个值），在系统允许后自动到充电的地方"排队"充电 另外，AGV 的电池的使用寿命很长（2 年以上），并且每充电 15min 可工作 4h 左右
3	外形美观	AGV 一般外形美观，观赏度高，从而提高企业的形象
4	运行方便	AGV 的体积小巧，占地面积少，能够在各个生产车间或仓库巷道间穿梭往复

二、自动导引车的分类

自动导引车有着不同的分类方法，在物流管理活动中，可以从导引方式、外形特点、移载装置等不同的角度进行分类。

1. 按导引方式分类

AGV 之所以能够实现无人驾驶，导航和导引对其起到了至关重要的作用，随着技术的发展，目前 AGV 的主要导航/导引方式见表 5.12。

表 5.12　　　　　　　　　　　　　　　AGV 按导引方式不同的分类

序号	分　类	特　性
1	电磁导引 AGV（Wire Guidance）	电磁导引是较为传统的导引方式之一，目前仍被许多系统采用，是在 AGV 的行驶路径上埋设金属线，并在金属线加载导引频率，通过对导引频率的识别来实现 AGV 的导引。其主要优点是引线隐蔽，不易污染和破损，导引原理简单而可靠，便于控制和通信，对声光无干扰，制造成本较低。缺点是路径难以更改扩展，对复杂路径的局限性大
2	磁带导引 AGV（Magnetic Tape Guidance）	与电磁导引相近，用在路面上贴磁带替代在地面下埋设金属线，通过磁感应信号实现导引，其灵活性比较好，改变或扩充路径较容易，磁带铺设简单易行，但此导引方式易受环路周围金属物质的干扰，磁带易受机械损伤，因此导引的可靠性受外界影响较大
3	光学导引 AGV（Optical Guidance）	在 AGV 的行驶路径上涂漆或粘贴色带，通过对摄像机采入的色带图像信号进行简单处理而实现导引，其灵活性比较好，地面路线设置简单易行，但对色带的污染和机械磨损十分敏感，对环境要求过高，导引可靠性较差，精度较低
4	激光导航 AGV（Laser Navigation）	激光导引是在 AGV 行驶路径的周围安装位置精确的激光反射板，AGV 通过激光扫描器发射激光束，同时采集由反射板反射的激光束，来确定其当前的位置和航向，并通过连续的三角几何运算来实现 AGV 的导引 此项技术最大的优点是，AGV 定位精确；地面无需其他定位设施；行驶路径可灵活多变，能够适合多种现场环境，它是目前国外许多 AGV 生产厂家优先采用的先进导引方式；缺点是制造成本高，对环境要求较相对苛刻（外界光线、地面要求、能见度要求等），不适合室外（尤其是易受雨、雪、雾的影响）工作
5	惯性导航 AGV（Inertial Navigation）	惯性导航是在 AGV 上安装陀螺仪，在行驶区域的地面上安装定位块，AGV 可通过对陀螺仪的偏差信号（角速率）的计算及地面定位块信号的采集来确定自身的位置和航向，从而实现导引 此项技术在军方较早运用，其主要优点是技术先进，较之有线导引，地面处理工作量小，路径灵活性强。其缺点是制造成本较高，导引的精度和可靠性与陀螺仪的制造精度及其后续信号处理密切相关
6	视觉导航 AGV（Visual Navigation）	对 AGV 行驶区域的环境进行图像识别，实现智能行驶，这是一种具有巨大潜力的导引技术，此项技术已被少数国家的军方采用，将其应用到 AGV 上还只停留在研究中，目前还未出现采用此类技术的实用型 AGV 可以想象，图像识别技术与激光导引技术相结合将会 AGV 更加完美，如导引的精确性和可靠性、行驶的安全性、智能化的记忆识别等都将更加完美
7	直接坐标 AGV（Cartesian Guidance）	用定位块将 AGV 的行驶区域分成若干坐标小区域，通过对小区域的计数实现导引，一般有光电式（将坐标小区域以两种颜色划分，通过光电器件计数）和电磁式（将坐标小区域以金属块或磁块划分，通过电磁感应器件计数）两种形式，其优点是可以实现路径的修改，导引的可靠性好，对环境无特别要求。缺点是地面测量安装复杂，工作量大，导引精度和定位精度较低，且无法满足复杂路径的要求
8	GPS（全球定位系统）导航 AGV（Global Position System）	通过卫星对非固定路面系统中的控制对象进行跟踪和制导，目前此项技术还在发展和完善，通常用于室外远距离的跟踪和制导，其精度取决于卫星在空中的固定精度和数量，以及控制对象周围环境等因素 由此发展出来的是 iGPS（室内 GPS）和 dGPS（用于室外的差分 GPS），其精度要远远高于民用 GPS，但地面设施的制造成本是一般用户无法接受的

2．按外形特点分类

AGV 小车可按照外形特点进行分类，见表 5.13。

表 5.13　　　　　　　　　　　　　　AGV 按外形特点不同的分类

序号	分　类	特　性
1	牵引式 AGV	牵引式 AGV 使用最早，包括牵引车和挂车。牵引车只起拖动作用，货物则放在挂车上，多采用 3 个挂车，拖动能力为挂车载重：2～20t，个别可达 50t 以上；驱动电动机的功率一般为 0.75～10kW；蓄电池的容量为 300～1000Ah；拖动行走速度为 60～100m/min，转弯和坡度行走时要适当减低。可用于中等运量或大批运量，运送距离在 50～150m 或更远。目前牵引式 AGV 多用于纺织工业、造纸工业、塑胶工业、一般机械制造业，车间内和车间外运输
2	托盘式 AGV	托盘式 AGV 车体工作台上主要运载托盘，托盘与车体移载装置不同，有辊道、链条、推挽，升降架和手动形式，适合于整个物料搬运系统处于地面高度时，从地面上一点送到另一点。AGV 的只限于取货、卸货，完成即返回待机点，运载重量为 1.5～2.0t，驱动电动机的功率小于 0.7kW，蓄电池的容量为 210～400Ah，行驶车速在直线行走时为 60m/min，弯路行走 30m/min，反向或缓行行走 15m/min，车上可载 1～2 个托盘。这类车被广泛应用
3	单元载荷式 AGV	单元载荷式 AGV 根据载荷大小和用途，分成不同形式。根据生产作业中物料和搬运方式的特点，采用以单元化载荷的运载车就比较多，适应性也强。一般用于总运送距离比较短、行走速度快的情况。有效载荷可达 0.5～5t，行走速度为 30～80m/min。其适合大面积、大重量的货物的搬运，且自成体系，还可以变更导向线路，迂回穿行到达任意地点；而用于小型货物时，由于其最小转弯半径小，通常为 1.5～2.0m，可运行于活动面积窄小的地段
4	叉车式 AGV	叉车式 AGV 根据载荷装卸叉子方向、升降高低分成各种型式。叉车式 AGV 不需复杂的移载装置，可与其他运输仓储设备相衔接。一般可处理 2～3t 的货物，可将货物提升到 3～4m 高，当货架高于 4m 时，可采用桅架框形结构或伸缩式结构，电气或液压驱动。采用侧叉式 AGV，可使转弯半径减少。货叉可根据货物的形状，采用不同的形式，如对大型纸板、圆桶形物可采用夹板或特种结构或采用双叉结构。叉车式 AGV 需装设检知器，以防止碰撞，同时为了保持 AGV 有载行走的稳定性，车速不能太快，且搬运过程速度慢。有时由于叉车伸出较长，需活动面积和行走通道较大
5	轻便式 AGV	由于轻型载荷和用途日益广泛，而开发出各种型式的轻便式 AGV。这是一种轻小简单、使用非常广泛的 AGV。轻便式 AGV 的体形不大、自重很轻、价格比较低、结构相对也简化许多。由于采用计算机控制，组成的 AGVS 具有相当大的柔性，主要用于医院、办公室、精密轻量部件加工行业。如日本松下电气公司生产的 PW—S10 型 AGV，全高 195mm，自重 95kg，可以负载 300kg 的货物
6	专用式 AGV	专用式 AGV 根据用途而分类，如装配用 AGV、特重型货物用 AGV、特长型货物用 AGV、冷库使用的叉车式 AGV、处理放射性货物的专用搬用 AGV、超洁净室使用的 AGV、胶片生产暗房或无光通道使用的 AGV 等
7	悬挂式 AGV	日本某些公司把沿悬挂导向电缆行走的搬运车也归入 AGV，多用于半导体、电子产品洁净室，载重为 50～700kg。这种 AGV 轻型的较多，承重多为单轨，如日本的 Muratec 公司生产的公众空中无人导引运输车

3．按移载方式分类

按移载方式的不同，AGV 可分为侧叉式移载、叉车式移载、推挽式移载、辊道输送机移载、链式输送移载、升降台移载和机械手移载等，如图 5.2 所示。

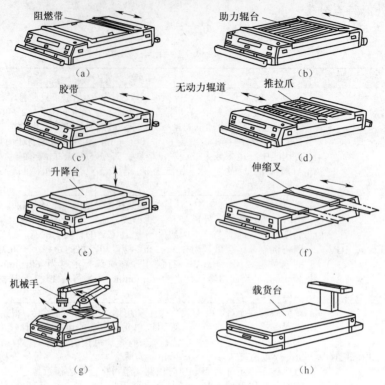

图 5.2　AGV 的移载方式

三、自动导引车的使用

AGV 是目前最为先进的搬运设备，在使用中应了解其基本结构、选用适宜的类型，并按步骤进行合理的操作使用。

1. 自动导引车结构

一般 AGV 的基本结构，如图 5.3 所示。

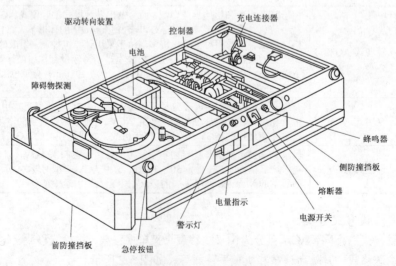

图 5.3　AGV 的总体结构

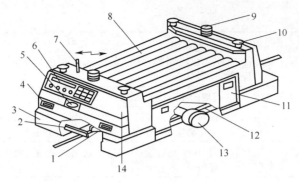

1—随动轮；2—导向传感器；3—接触缓冲器；4—接近探知器；

5—报警音响；6—操作盘；7—外部通信装置；8—自动移载机构；

9—警示灯；10—紧停按钮；11—蓄电池组；12—车体；

13—差速驱动轮；14—电控装置箱

图 5.3　AGV 的总体结构（续）

AGV 的构成系统可分为如图 5.4 所示的几部分。

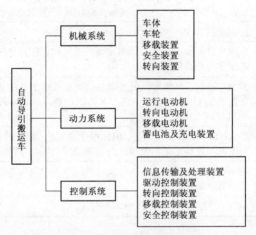

图 5.4　自动引导车的构成系统

AGV 的典型部件见表 5.14。

表 5.14　AGV 的典型部件及功用

序号	名　称	功　用
1	车体	车体由车架和相应的机械装置所组成，是 AGV 的基础部分，是其他总成部件的安装基础
2	导向装置	接受导引系统的方向信息通过转向装置来实现转向
3	移载装置	与所搬运货物直接接触，实现货物转载的装置
4	蓄电和充电装置	AGV 常采用 24V 或 48V 直流蓄电池为动力。蓄电池供电一般应保证连续工作 8h 以上的需要
5	驱动装置	AGV 的驱动装置由车轮、减速器、制动器、驱动电机及速度控制器等部分组成，是控制 AGV 正常运行的装置。其运行指令由计算机或人工控制器发出，运行速度、方向、制动的调节分别由计算机控制。为了安全，在断电时制动装置能靠机械实现制动

序号	名　称	功　用
6	车上控制器	接受控制中心的指令并执行相应的指令，同时将本身的状态（如位置、速度等）及时反馈给控制中心
7	通信装置	实现 AGV 与地面控制站及地面监控设备之间的信息交换
8	安全保护装置	安全系统包括对 AGV 本身的保护、对人或其他设备的保护等方面。多重安全保护装置包括主动安全保护装置和被动安全保护装置
9	信息传输与处理装置	主要功能是对 AGV 进行监控，监控 AGV 所处的地面状态，并与地面控制站实时进行信息传递

2．自动导引车选用

选用自动导引车应考虑的主要技术参数见表 5.15。

表 5.15　　　　　　　　　　　　　　　AGV 的主要技术参数

序号	参　数	说　明
1	额定载重量	AGV 所能承载货物的最大重量。AGV 的载重量为 50～20000kg，以中小型吨位居多。根据日本通产省的调查，目前使用的 AGV 载重量在 100kg 以下的占 19%，载重量在 100～300kg 的占 22%，载重量在 300～500kg 的占 9%，载重量在 500～1000kg 的占 18%，载重量在 1000～2000kg 的占 21%，载重量在 2000～5000kg 的占 8%，而载重量在 5000kg 以上的数量极少
2	自重	自重是指 AGV 与蓄电池加起来的总重量
3	车体尺寸	车体尺寸是指车体的长、宽、高外形尺寸。该尺寸应该与所承载货物的尺寸和通道宽度相适应
4	停位精度	指 AGV 到达目的地址处并准备自动移载时所处的实际位置与程序设定的位置之间的偏差值（mm）。这一参数很重要，是确定移载方式的主要依据，不同的移载方式要求不同的停位精度
5	最小转弯半径	指 AGV 在空载低速行驶、偏转程度最大时，瞬时转向中心到 AGV 纵向中心线的距离，是确定车辆弯道行驶所需空间的重要参数
6	运行速度	指 AGV 在额定载重量下行驶时所能达到的最大速度，是确定车辆作业周期和搬运效率的重要参数
7	工作周期	AGV 完成一次工作循环所需的时间

AGV 的选用应本着满足工作指标及为将来的发展留下余地的原则，并根据工艺要求、需搬运货物的重量尺寸，选择 AGV 的导引方式、尺寸、承载能力、充电方式，在已有的空间内，按照系统要求，安排最佳物流路线，达到路径最短、简洁流畅的目的，尽量避免干涉，以提高效率，降低运营成本。

选择 AGV 应考虑的因素见表 5.16。

表 5.16　　　　　　　　　　　　　　　AGV 的选用考虑因素

序号	因素	说　明
1	安全性	安全装置的作用，包括防止 AGV 在运行中出错，也预防运行出错对人员及其运行环境设施产生的影响，安全装置的功用除了保护 AGV 自身安全，以及维护 AGV 功能的顺利完成外，还在最大可能的范围内保护人员和运行环境设施的安全 车身是装配 AGV 其他零部件的主要支撑装置，是运动中的主要部件之一。考虑运行中的 AGV 可能会同人或者其他物体相碰撞，除了操作上的需要，车身的外表不得有尖角和其他凸起等危险部分

续表

序号	因素	说　明
1	安全性	障碍物接触式缓冲器。为了避免碰撞产生的负面影响，确保运行环境中人和物的安全，在 AGV 的车身上必须设置有障碍物接触式缓冲器。一般障碍物接触式缓冲器设置在 AGV 车身运行方向的前后方，缓冲器的材质具有弹性和柔软性，这样，即使产生碰撞事故，不会对与之碰撞的人和物及其自身造成大的伤害，故障解除后，能自动恢复其功能。缓冲器的宽度，在正常情况下，大于或等于车身宽度，当产生碰撞事故时，缓冲器能及时使 AGV 停车
		障碍物接近检测装置。它是障碍物接触式缓冲器作用辅助装置，在规定有效作用范围内，AGV 在所有的场合对于确保安全是必不可少的，在此范围内，它将带给 AGV 合适的运行速度、减小惯性，缓慢停车，是先于障碍物接触式缓冲器发生有效作用的安全装置。为了安全起见，障碍物接近检测装置最好是多级的接近检测装置。一般障碍物接近检测装置有两级以上的安全保护设置，如在一定距离范围内，它将使 AGV 降速行驶，在更近的距离范围内，它将使 AGV 停车，而当解除障碍物后，AGV 将自动恢复正常行驶状态
		自动装卸货物的执行机构的安全保护装置。AGV 的主要功能是解决物料的全自动搬运，除了其全自动运行功能外，还有自动装载和卸载货物的装置。如辊道式 AGV 的辊道、叉车式 AGV 的货叉等。执行机构为 AGV 上"动中之动"的结构，其安全保护装置为又一难点，这类结构包括机械和电气两大类。一般在同一辆 AGV 上，机械和电气这两类保护装置都具备，互相关联，同时产生保护作用。如位置定位装置、位置限位装置、货物位置检测装置、货物形态检测装置、货物位置对中结构、机构自锁装置等结构
		警报装置。为了通知 AGV 的运动状态和唤起周围的注意，AGV 须装备多种警报装置。包括自动运行指示灯（AGV 自动运行时，指示灯亮；AGV 处于非自动运行状态时，指示灯亮灭）、警示灯（AGV 由停止状态进入运行状态时，AGV 处于后退运行状态时或 AGV 发生异常时，进行声光报警）、左传、右转显示灯（识别 AGV 的左传和右转方向，显示灯相应亮）、急停装置（AGV 在突发异常状况下，必须有急停装置维护自身，急停装置位于车身上便于识别、操作的位置，通过"手按"等简单的操作就可实现紧急制动的功能；具有系统连锁保护功能，紧急制动后，只要停止原因的安全性得不到确认，就算已解除异常，AGV 也不会再次启动运行；具有手动控制功能，在异常状况下，操作人员可以通过手动操作 AGV）、状态监视装置（监视 AGV 运行状态，特别是当 AGV 发生异常时，能够具有了解该状态及其原因的监视功能）
2	扩展性	随着工厂自动化的日益发展，原有自动化系统的可扩展性及灵活性十分重要，电磁导引方式属于传统的方式，技术较成熟，AGV 本身的成本低，工作可靠。但其缺点是需要在运行线路的地表下埋设电缆，施工时间长，费用高，不易变更路线。激光引导方式与电磁引导方式相比，在 AGV 的导引区域内，路径修改、增删、重新规划、定义均可以快速地在计算机上完成，智能化程度高，适应性、灵活性强，路径的扩充和修改更为方便，安装成本低，使用户在调整生产设备、重组生产结构、技术改造和更新等方面无后顾之忧
3	定位精确	电磁导引 AGV 的自动控制系统根据这种感应的电磁信号偏差来控制车辆的转向，连续的动态闭环控制能够保证 AGV 对设定路径的稳定自动跟踪。激光导引 AGV 依靠激光扫描器发射激光束，然后接受由四周定位标志反射回的激光束，车载计算机计算出 AGV 当前的位置以及运动的方向，通过和内置的数字地图进行对比来校正方位，在导航式引导方式中，激光导引的定位精度比较高。其缺点是，比电磁感应式引导的成本高一些，且在有些使用环境中易受干扰
4	故障率和可维护性	在自动化物流系统中，实现高效、低故障的无人化作业，先进可靠的 AGV 是货物搬运作业正确、安全运行的保障。AGV 的硬件结构和软件结构应采用模块化设计方法，便于 AGV 功能模块的集成，并且维护方便，大大降低 AGV 的故障率。AGV 的车体上应具备各种安全装置，另外，软件具备一定的故障检测功能，包括传感器状态、货物状态、取卸货站台状态等，并具备一定自动解决问题的程序分支，如检测到取货站台没有货物，则自动取消当前取货或向计算机管理系统申请到别的站台执行取货
		AGV 内部运行状态信息和错误信息实时在 AGV 的车体上配备的车载操作面板和计算机监控界面事件日志，使监控机操作人员及时了解系统运行情况

续表

序号	因素	说　　明
5	基本参数和性能指标	在选择 AGV 时，要考虑的基本参数和性能指标包括 AGV 导引方式、AGV 结构形式、通信方式、驱动方式、行走功能、AGV 驱动类型、AGV 自重（不含电池）、额定承载能力、运行速度、转弯速度、定位速度、停位精度、车体长度、车体宽度、车体高度、轴距、动力电源、蓄电池、电压/容量、充电方式、工作时间、制动方式、报警装置、急停装置、控制系统、安全装置
6	经济性和适用性	不同的应用行业，导引方式、功能用途、结构差异、以及充电方式等各有不同，这些因素使 AGV 的价格差别很大。如电磁导引方式的自动导引车的成本较激光导引的 AGV 低，但缺点是需要在运行线路的地表下埋设电缆，施工时间长，费用高，不易变更路线。此外，AGV 的动力电源和充电设备价格也有较大差别。如传统铅酸蓄电池较碱性镍镉电池的初期本较低，工作时间长，但在使用过程中常有溢酸、渗酸及气体酸雾逸出的现象，不仅腐蚀设备，而且污染空气，对城市环境危害极大。工人长期置此环境中，易患呼吸疾病，不利于人身健康。另外，传统铅酸蓄电池的维护困难，需经常加酸、调比重、补充电等，从而大大增加使用成本。镍镉电池为碱性镍镉电池，电解液是氢氧化钾，消耗的是蒸馏水，免维护，无毒无害。应根据企业发展需求选择适合企业自动化物流的 AGV
7	售后服务	为保证 AGV 的安全可靠、良好地运行，提供优质全面的售后服务和技术服务至关重要用户售后服务需求信息的收集及处理。接受用户意见来信、电话、传真，迅速给予答复或处理意见，使用户满意 AGV 系统质量反馈信息的收集处理。不定期主动与用户联系，主动地对交付使用的 AGV 系统工程进行回访，听取用户对工程质量的意见，发现问题及时加以补救和解决系统的维护保养和故障维修。为 AGV 系统的维护保养造册，指导用户技术人员进行保养。当 AGV 发生故障时，责任部门迅速组织并进行现场故障维修，迅速做出反应保证期及保证期后的终身技术服务。为用户提供最新的 AGV 系统技术信息，为用户提供 AGV 系统产品及软件版本升级的新建议和技术咨询，确保和延长所供 AGV 系统和设备的使用寿命周期 向用户提供及时、全面和高质量的技术服务。对用户有关人员进行设计、安装、维护和操作培训

3．自动导引车的操作

不同 AGV 的具体操作方法各异，主要环节类似，可比照以下方法进行。

第一步：AGV 上电（登录）操作方法

在主控制台已经启动并进入调度运行时，可按照以下步骤操作：

① 打开 AGV 面板上的带锁电源开关。约 40s 后，AGV 显示屏显示如图 5.5 所示的信息。

图 5.5　开机显示

② 旋开操作面板上的急停按钮，并检查其他急停按钮是否都已经松开，然后按下操作面板上的确认键。AGV 进入正常工作状态，这时屏幕应显示"正在校正舵角请稍候"。

③ 舵角校正完成后，如果 AGV 没有在正确站点位置，要用手动把车开到站点前端的导航条上，使 AGV 的前后两端中点基本对正导航条。进行"上线"操作，小车自动上线。

④ 初始站点的设定。

在主菜单窗口，进行初始站点的设定。

● "自动/手动"开关拨到中间位置。

● 首先通过左、右键选择"设置"菜单。

● 在"设置"菜单中选择"小车初始状态"，按回车键。

● 这时进入小车初始状态输入窗口，如图 5.6 所示。

用操作面板上的数字键输入当前小车所在站号。

● 然后按 F2 或 F3 键选择"确定"或"取消"，按回车键完成初始状态设定。

⑤ 将小车操作面板上的手自动选择旋钮旋至"自动"。

⑥ 无货状态。并按回车键确认。

注意：零号站 AGV 登录后，确定有无货要在物流吊车通过载货确认开关（东方物流轨道靠近转弯位置）后进行。

一切正常后小车屏幕将显示"正在自动运行"。计算机控制台出现该 AGV 图标的显示，初始状态如图 5.6 所示。

图 5.6 初始状态显示图

第二步：AGV 的上线方法

小车及导航系统示意图，如图 5.7 所示。

此操作用于 AGV 上线，投入自动运行。

① 利用手控盒移动 AGV 到某一站点（地标）前端。

要求 AGV 前导航传感器必须在导航线上，AGV 的车身与导航线的夹角越小越好，AGV 中心距地标 0.5～5m，如图 5.8 所示。

② AGV 的位置摆正后，按手控盒上的"上线"键。AGV 自动运行到地标处停车，完成自动上线。

③ 如 AGV 未检测到地标，系统将提示"上线失败"，可重复上线操作。

④ 按照"三、自动导引车的使用"中自动导引车的操作中第一步操作的相关内容设置站点及载货状态。AGV 进入自动运行。如果反复试验均不能正常上线，可能是地标传感器故障、距离不适或地标破损等原因造成。

第三步：撤销登录

在 AGV 撤下维修前，必须预先进行此操作。

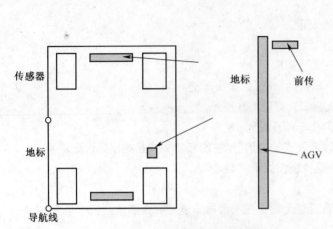

图 5.7　小车及导航系统示意图　　　　图 5.8　AGV 导航线示意图

① AGV 撤销

● 手/自动开关拨到中间位置。

● 用左右箭头移动到"设置"菜单。

● 用上下箭头选择"撤消登录"命令。

● 按回车键确认。

② 控制台撤销

● 进入"操作"菜单。

● 单击"确认撤消登录"。

● 在弹开的选项中，选中要撤销的车号。

● 按回车键确认。

第四步：修改 AGV 参数

① 手/自动开关拨到中间位置。

② 在关机状态，用钥匙开机。

③ 开机过程中，按任意键。等待系统进入参数设置画面。

④ 首先显示"口令"，输入口令 3212，按回车键。

⑤ 此时系统显示如下菜单。

● "控制"包括以下几类。

"机械参数"：

传感器安装位置：地标传感器位置校正参数。

舵轴零点位置：用于校正舵角偏差。

车轮直径：输入车轮实际尺寸。

"电气参数"：

舵轴伺服参数（P：200，I：35，D：20，IL：120）

车轮伺服参数（P：100，I：5，D：10，IL：0）

路径跟踪参数（P：2.5，I：1.5，D：0.1，IL：0.1）

● "其它"包括以下几类。

"小车编号"：1．2．3……

"红外探测"：用于防碰撞，本书中的 AGV 此项目不用。

"更改口令"：现在口令是 3212。

● "扩充设置"包括以下几类。

"PID 设置"：

速度控制：KP：1，KI：0，KD:1.5，IL：0.001。

举升控制：KP：60，KI：3，KD:20，IL：100。

"光点跟踪"：

悬链速度。

光点偏差。

位置 2 光点偏差。

"前举升参数控制"：

位置 1 高度：在上侧。

位置 2 高度：在下侧。

举升上限。

举升下限。

加速度。

平移高度上限。

平移高度下限。

"后举升参数控制"：

位置 1 高度：在上侧。

位置 2 高度：在下侧。

举升上限。

举升下限。

加速度。

平移高度上限。

平移高度下限。

"举升速度"：

位置模式速度。

速度模式速度。

复位时的速度：装配结束后复位下降速度。

"跟踪距离控制"：

跟踪段停止距离：光靶跟踪距离。

跟踪段报警距离：超程量超过这个距离报警。

"PSD 零偏控制"：

X1 零偏。

X2 零偏。

X3 零偏。

X4 零偏。

● "结束"。

选择此项，确认退出参数设置状态。

以上参数实际值中，是 2 号 AGV 的数据，供参考。

⑥ 修改参数：用左右键选择对应菜单，上下键选择参数项目。用数字键进行修改。按回车键确认。

⑦ 选择"结束"菜单项，按回车键。

⑧ 系统提示是否存储并退出，选择"存盘退出"，数据被存储。并退出参数设置状态。

⑨ 进行正常上线操作。

第五步：调整链速后在控制台"改变悬链速度"

修改链速后，该数据要同时修改，且须在 AGV 均不在线时进行。

① 点击"改变悬链速度"。

② 链速=工位距离（6.4）/工艺链节拍（分钟）计算链速。

③ 用数字键写入新链速，确认。

④ 将 AGV 逐台进行登录。

第六步：控制台修改发车距离

① 选择菜单"选项"。

② 点击"改变发车延迟"。

③ 输入"修改参数密码"：23970159。

④ 修改试验二工位发车延迟距离，使 AGV 正确位置发车到装配工位。以不干涉轿车车身为准。目前该值为：136。

⑤ 点击"确认"，发车距离即被修改。

修改这个参数要谨慎判断，小幅度校正，专人监护 2 号站的发车过程，有问题时按急停或踢保险杠停车，切防挂碰车身。

第七步：控制台强制发车

该操作用于二工位 AGV 向装配工位强制发车，而无须等待自动发车信号。但必须看清发车位置，有把握不碰车身时，方可操作。否则应手动发车，并手动控制 AGV 进行三工位装配，装配结束后，重新把 AGV 上线。

① 进入"操作"菜单。

② 点击"强制发车"。

二工位的 AGV 将强制发出到装配工位。

第八步：控制台设置有货无货

该操作用于强行设置 0 号站 AGV 的载货状态。

① 进入"操作"菜单。

② 点击"设置有货"，AGV 将提前发车。

点击"设置无货"，待命吊具将提前向充电的 AGV 输送发动机及后桥。

第九步：校正 AGV 舵角

此操作用于校正 AGV 舵角，在 AGV 舵角跑偏（不走直线）时进行。但要把 AGV 下线后，离开装配区操作。结束后，AGV 重新上线。

① 按照"四 1-4"，进入参数菜单。

② 用左右键选择"控制"菜单。

③ 用上下键选择"机械参数"，按回车键。

④ 选择"舵轴零点位置"参数，用数据键修改并确认。

⑤ 选择"结束"菜单项，按回车键。

⑥ 系统提示是否存储并退出，选择"存盘退出"，数据被存储。并退出参数设置状态。

⑦ 自动/手动开关拨到"手动"状态。试验直线行走，观察是否走直线。

⑧ 如果不走直线，关掉 AGV 电源，重新送电。重新修改试验，直到舵角合适为止。

第十步：控制台停链后的重启

有时系统可能因为装配距离超过设定长度、跟踪过程中光靶丢失、跟踪过程中急停按钮被按下等原因而通知生产线悬链停止运行，在停链过程中，控制台主窗口处会出现一个对话框，控制台红色信号灯闪烁。此时，可做如下操作。

① 排除故障原因。

② 故障排除后，在控制台解除停止悬链的申请，即按回车键确认清除对话框即可。

第十一步：调整 AGV 的速度

① 通过控制台调整 AGV 的速度。

【方法 1】 可以利用工具条上的下拉组合框选择速度。

【方法 2】

- 选择主菜单"选项"。
- 选择"选项"中"AGV 速度级别"。
- 选择所需的速度级别 1-6，直接选中，确认即可。目前，使用速度 5。

② 通过 AGV 修改车速

- 手/自动开关拨到中间位置。
- 用左右箭头移动到"设置"菜单。
- 用上下箭头选择"速度级别"。
- 输入正确速度级别，按回车键确认。
- 进行正常上线操作。如果小车在站点上，可以直接按"三、自动导引车的使用"中自动导引车的操作中第一步操作的相关内容设置站点及有无货状态，并切换到自动运行。

任务四 连续输送机的使用与管理

一、连续输送机的认知

连续输送机是以连续、均匀、稳定的输送方式，沿着一定的线路从装货点到卸货点输送散料和成件包装货物的机械装置，简称为输送机。

中国古代的高转筒车和提水的翻车，是现代输送机中斗式提升机和刮板输送机的雏形；17 世纪中叶，开始应用架空索道输送散状物料；19 世纪中叶，各种现代结构的输送机相继出现。1868 年，在英国出现了带式输送机；1887 年，在美国出现了螺旋输送机；1905 年，在瑞士出现了钢带式输送机；1906 年，在英国和德国出现了惯性输送机。此后，输送机受到机械制造、电机、化工和冶金工业技术进步的影响，不断完善，逐步由完成车间内部的输送作业，发展到完成在企业内部、企业之间甚至城市之间的输送作业，成为物流搬运系统机械化和自动化不可缺少的组成部分。

输送是"装卸搬运"的主要组成部分，在物流各阶段的前后和同一阶段的不同活动之间，都必须进行输送作业。可见，输送和装卸是物流不同运动阶段之间互相转换的桥梁，正是输送机把货物的运动的各个阶段联结成为连续的"流"，使物流的概念名副其实。

输送机在现代物流系统中，特别是在港口、车站、库场、货栈中，承担着大量货物的运输，同时也是现代化立体仓库中的辅助设备，具有把各物流站衔接起来的作用。并且输送机可以将一定质量的货物，在一定时间内，搬运一定的距离，且使费用最小。

连续输送机的工作特点见表 5.17。

表 5.17　　　　　　　　　　　　连续输送机的工作特点

序号	特点	说　　明
1	优点	（1）启动、制动次数少，速度较高且速度稳定，具有较高的生产效率 （2）在同样生产效率下，自重轻，外形尺寸小、成本低，驱动功率小 （3）传动机构的机械零部件负荷较低，冲击小 （4）结构紧凑，制造和维修容易 （5）输送货物的线路固定，动作单一，便于实现自动控制 （6）工作过程中，负载均匀，所消耗的功率几乎不变
2	缺点	（1）只能按照固定的线路输送货物，每种机型只适合于一定类型的货物，且一般只能用于输送重量不大的货物，通用性差 （2）大多数连续输送机不能自动取货，因而必须配置相应的装卸载装置

连续输送机具很大的发展潜力，具体见表 5.18。

表 5.18　　　　　　　　　　　　连续输送机的发展趋势

序号	趋　　势	说　　明
1	向大型化发展	大型化包括大输送能力、大单机长度和大输送倾角等几个方面。水力输送装置的长度已达 440km 以上。带式输送机的单机长度已近 15km，并已出现由若干台组成联系两地的"带式输送道"。不少国家正在探索长距离、大运量连续输送物料的更完善的输送机结构
2	扩大使用范围	发展出能在高温、低温条件下、有腐蚀性、放射性、易燃性物质的环境中工作的，以及能输送炽热、易爆、易结团、黏性的货物的输送机
3	构造满足要求	使输送机的构造满足货物搬运系统自动化控制对单机提出的要求，如邮局所用的自动分拣包裹的小车式输送机应能满足分拣动作的要求等
4	更加节约能源	降低能量消耗以节约能源，已成为输送技术领域内科研工作的一个重要方面。已将 1t 货物输送 1km 所消耗的能量作为输送机选型的重要指标之一
5	更加绿色环保	减少各种输送机在作业时所产生的粉尘、噪声和排放的废气

二、连续输送机的分类

连续输送机的形式、构造和工作原理都是多种多样的。由于生产发展的要求，新的机型正在不断增加。按照连续输送机所运货物的种类可分为输送件货的和输送散货的两种；按照输送机的传动特点可分为有挠性构件牵引的和无挠性构件牵引的两类。此外，还可按照其用途或工作原理等的不同来分类。

1．按牵引方式分类

连续输送机按牵引方式可分为有挠性牵引的输送机和无有挠性牵引的输送机两大类，见表 5.19。

表 5.19 连续输送机按牵引方式的不同分类

分 类	代 表 机 型	特 点
有挠性牵引的输送机	常见的有带式输送机、链式输送机、斗式输送机、悬挂式输送机等	此类输送机的工作特点是物料和货物在牵引构件的作用下，利用牵引构件的连续运动使货物向一个方向输送。牵引构件是往复循环的一个封闭系统，通常是一部分输送货物，另一部分牵引构件返回
无有挠性牵引的输送机	常见的有气力式输送机、螺旋式输送机、振动式输送机等	此类输送机的工作特点是利用工作构件的旋转运动或振动，使货物向一定方向输送。其输送构件不具有往复循环形式

2. 按安装方式分类

连续输送机按安装方式可分为固定式输送机和移动式输送机两大类，见表 5.20。

表 5.20 连续输送机按安装方式的不同分类

分 类	图 示	特 点
固定式输送机	固定式输送机	整个设备固定安装在一个地方，不能再移动 固定式输送机主要用于固定输送场合，如专用码头、仓库中货物的移动，工厂生产工序之间半成品的输送，原材料的接收和产成品的发放等 固定式输送机具有输送量大、单位耗电低、效率高等特点
移动式输送机	移动式输送机	整个设备安装在车轮上，可以移动 移动式输送机具有机动性强、利用率高、能及时布置输送作业达到装卸要求的特点

3. 按结构特点分类

连续输送机按结构特点来分类，主要有带式输送机、滚柱输送机、链式输送机、螺旋式输送机、气力输送机、斗式提升机等，见表 5.21。

表 5.21 连续输送机按结构特点的不同分类

名 称	图 示	特 点	适 用 范 围
带式输送机（Belt Conveyors）	带式输送机	带式输送机是一种利用连续而具有挠性输送带连续地来输送货物的输送机 根据挠性输送带的不同，可分：织物芯胶带、织物芯 PVC 带、钢带、网带等。织物芯又可分为棉帆布、尼龙帆布（NN）、聚酯尼龙交织帆布（EP）等	输送各种散装货物；在装配、检验、测试等生产线上输送单位质量不太大的成件货物

续表

名　　称	图　示	特　点	适　用　范　围
辊道输送机 （Roller Conveyors）	辊道输送机	辊道输送机是利用辊子的转动来输送成件物品的输送机，可沿水平或曲线路径进行输送，其结构简单。安装、使用、维护方便，对不规则的货物可放在托盘或者托板上进行输送	按驱动方式分：无动力辊道输送机/动力辊道输送机（链传动/摩擦传动） 按无动力辊道输送机的曲线段形式分：柱形辊子式、锥形辊子式、差速辊子式、短辊子差速式等 按转撤装置的形式分：曲线段转撤、岔道分流、平面分流、小车转撤、直角转撤、回转台转撤、辊子输送机升降装置转撤等
滚柱输送机 （Wheel Conveyors）	滚柱输送机	滚柱输送机是采用滚柱来取代辊道的输送机 其结构简单，一般用于无动力驱动	适用于成件包装货物或者平整底面的货物的短距离搬运
链式输送机 （Chain Conveyors）	链式输送机	链式输送机是利用链条牵引、承载，或由链条上安装的板条、金属网、辊道等承载货物的输送机	根据链条上安装的承载面的不同，可分：链条式、链板式、链网式、板条式、链斗式、托盘式、台车式，此外，也常与其他输送机、升降装置等组成各种功能的生产线
悬挂输送机 （Overhead Chain Conveyors）	悬挂输送机	悬挂输送机属于链条（也可为钢索）牵引式的连续输送机 根据牵引件和承载件的连接方式不同，可分：通用悬挂输送机（提式悬挂输送机）、推式悬挂输送机、拖式悬挂输送机、积放式悬挂输送机 根据承载件的支撑方式不同可分为空中吊挂式、地面支撑式等	悬挂输送机是规模较大的工厂综合机械化输送设备，广泛应用于大量或者成批生产的工厂，作为车间之间和车间内部的机械化、自动化连续输送设备。在汽车、家电、服装、屠宰、邮政等方面得到了广泛应用
螺旋输送机 	螺旋输送机	螺旋输送机是利用旋转的螺旋将被输送的物料沿着固定的机壳内推移而工作的输送机械 螺旋输送机的特点是：结构简单、横截面尺寸小、密封性好、工作可靠、制造成本低，便于中间装料和卸料，输送方向可逆向，也可同时向相反两个方向输送。输送过程中还可对货物物料进行搅拌、混合、加热和冷却等作业	螺旋输送机广泛应用于各行业，如建材、化工、电力、冶金、煤矿炭、粮食等行业，适用于水平或倾斜输送粉状、粒状和小块状物料，如煤矿、灰、渣、水泥、粮食等温度小于200℃的货物。螺旋机不适于输送易变质的、黏性大的、易结块的货物

续表

名　称	图　示	特　点	适 用 范 围
气力输送机 （Airslide Conveyer）	气力输送机	气力输送机是利用一定的压力空气作为动力，推动物料沿着指定管道连续移送的输送机械。主要由送风装置（抽气机、鼓风机或气压机）、输送管道及管件、供料器、除尘器等组成。根据气压方向，一般有吸送式、压送式两种	气力输送机主要用于输送粉状、粒状及块状不大于20～30mm的小块货物。广泛应用于煤矿和大型粮库的补仓、出仓、翻仓、倒垛以及粮食加工和啤酒、酿造等行业中
斗式提升机 （Bucket Elevator）	斗式提升机	斗式提升机是利用均匀固接于无端牵引构件上的一系列料斗，竖向提升物料的连续输送机械。斗式提升机具有输送量大、提升高度高、运行平稳可靠、使用寿命长等显著优点	斗式提升机适于输送粉状，粒状及小块状的无磨琢性及磨琢性小的货物，如煤、水泥、石块、砂、黏土、矿石等，由于提升机的牵引机构是环行链条，因此允许输送温度较高的材料（货物的温度不超过250℃）。一般输送高度最高可达40m
振动 输送机 （Vibrating Conveyor）	振动输送机	振动输送机利用激振器使料槽振动，从而使槽内物料沿一定方向滑行或抛移的连续输送机械。分弹性连杆式、电磁式和惯性式三种 该机型具有结构简单、安装、维修方便、能耗低、无粉尘溢散、噪声低等优点	振动输送机广泛用于冶金、煤炭、建材、化工、食品等行业中粉状及颗粒状货物的输送
单轨输送机 （Overhead Monorail Conveyors）	单轨输送机	单轨输送机是在特定的空中轨道上运行的电动小车，可组成一个承载的、全自动的物料搬运系统 其特点是：系统中的各个小车，独立驱动，形成立体输送网络，可采用集中控制、分散控制或集散控制方式，小车按设定程序实行全自动作业，可实现自动分拣和配送作业等	单轨输送机广泛应用于汽车、邮电行业，工厂企业的装配线、检测线等
垂直输送机 （Elevator Conveyors）	垂直输送机	垂直输送机能连续地垂直输送物料，使不同高度上的连续输送机保持不间断的物料输送。垂直输送机又称连续垂直输送机（Vertical Continued Conveyor）和折板式垂直输送机	垂直输送机是把不同楼层间的输送机系统连接成一个更大的连续的输送机系统的重要设备

续表

名　称	图　示	特　点	适 用 范 围
生产输送系统（Production Line System）	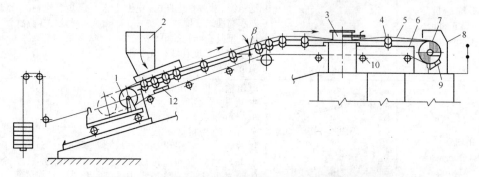 生产输送系统	生产输送系统是根据生产工艺的功能要求，由各类输送机、附属装置等组成的各类生产输送系统	生产输送系统广泛应用于汽车、家电、电子、服装、邮电、医药、烟草等行业的分装、总装线、检测线，是工厂生产的重要组成部分

三、连续输送机的使用

1．连续输送机的结构

下面以通用的带式输送机为例来介绍连续输送机的结构。通用带式输送机由输送带、托辊、滚筒及驱动、制动、张紧、改向、装载、卸载、清扫等装置组成，如图 5.9 所示。

1—张紧装置；2—装载装置；3—卸料挡板；4—上托辊；5—输送带；

6—机架；7—驱动滚筒；8—卸载罩壳；9—清扫装置；10—下托辊

图 5.9　连续输送机结构的示意图

通用带式自动输送机的典型部件见表 5.22。

表 5.22　　　　　　　　　　　　通用带式自动输送机的典型部件

序号	名　称	功　用
1	输送带	输送带传递牵引力和承载货物，要求具有较高的强度，较好的耐磨性和较小的伸长率等常用的有橡胶带和塑料带两种。橡胶带适用于工作环境温度为−15°～40℃，货物的温度不超过 50℃，向上输送散粒料的倾角 12°～24°，对于大倾角输送可用花纹橡胶带。塑料带具有耐油、酸、碱等优点，但对于气候的适应性差，易打滑和老化。带宽是带式输送机的主要技术参数
2	支承装置	支承装置作用是支承输送带和被运物料的重量，包括上托辊和下托辊 托辊分单滚筒（胶带对滚筒的包角为 210°～230°）、双滚筒（包角达 350°）和多滚筒（用于大功率）等。有槽形托辊、平形托辊、调心托辊、缓冲托辊。槽形托辊（由 2～5 个辊子组成）支承承载分支，用以输送散粒货物；调心托辊用以调整带的横向位置，避免跑偏；缓冲托辊装在受料处，以减小货物对带的冲击

续表

序号	名　称	功　用
3	驱动装置	驱动装置作用是将动力（牵引力）传给滚筒及输送带，使其能承载并运行。 驱动滚筒分为光面和胶面两种，胶面滚筒摩擦系数较大，在输送机功率不大、环境湿度小的情况下采用光面滚筒，反之采用胶面滚筒。驱动滚筒的直径不能太小，一般要求滚筒的直径应大于衬层数的 100～125 倍，按直径标准选用，有 400mm、500mm、630mm、800mm、1000mm、1250mm、1400mm 等。
4	改向装置	改向装置是用来改变输送方向的装置。在末端改向可采用改向滚筒，在中间线路改向可采用几个支撑辊柱或改向滚筒。改向装置的直径一般约取输送带衬层数的50～100倍
5	制动装置	在倾斜布置的输送机中，为防止停车时，在货物的重力作用下，发生倒转情况，需装设制动装置
6	清扫装置	清扫粘附于输送带上的货物
7	张紧装置	张紧装置保证输送带与支承托辊之间有足够大的摩擦力。一是牵引机件获得必要的初张力需要张紧，二是补偿牵引机件工作中的伸长量需要张紧，三是防止牵引机件与滚筒打滑需要张紧，四是保证牵引机件顺利地从驱动轮上把动力可靠传出而不发生振摆需要张紧
8	装卸料装置	装卸料装置是保证方便可靠地装料、卸料

2．连续输送机参数

一般根据物料搬运系统的要求、货物装卸地点的各种条件、有关的生产工艺过程和物料的特性等来确定各主要参数，见表 5.23。

表 5.23　　　　　连续输送机的参数

序号	参　数	说　明
1	输送能力	输送机的输送能力是指单位时间内输送的货物量。在输送散状货物时，以每小时输送货物的质量或体积计算；在输送成件货物时，以每小时输送的件数计算
2	输送速度	提高输送速度可以提高输送能力。在以输送带作牵引件且输送长度较大时，输送速度日趋增大。但高速运转的带式输送机需注意振动、噪声和启动、制动等问题。对于以链条作为牵引件的输送机，输送速度不宜过大，以防止增大动力载荷。同时进行工艺操作的输送机，输送速度应按生产工艺要求确定
3	构件尺寸	输送机的构件尺寸包括输送带宽度、板条宽度、料斗容积、管道直径和容器大小等。这些构件尺寸都直接影响输送机的输送能力
4	输送长度和倾角	输送线路长度和倾角大小直接影响输送机的总阻力和所需要的功率

3．连续输送机的试调

（1）试调步骤

① 各设备安装后精心调试输送机，满足图样要求。

② 各减速器，运动部件加注相应润滑油。

③ 安装输送机达到要求后各单台设备进行手动工作试车，并结合起来调试输送机以满足动作的要求。

④ 调试输送机的电气部分。包括对常规电气接线及动作的调试，使设备具备良好性能，达到设计的功能和状态。

（2）带式输送机中输送带跑偏及打滑的处理方法

输送带跑偏的原因有多种，需根据不同的原因区别处理。

① 调整承载托辊组。

② 安装调心托辊组。

③ 张紧处的调整，输送带张紧处的调整是带式输送机跑偏调整的一个非常重要的环节。

④ 调整驱动滚筒与改向滚筒位置，驱动滚筒与改向滚筒的调整是输送带跑偏调整的重要环节。

⑤ 双向运行带式输送机跑偏的调整。

（3）输送带打滑的处理办法

① 使用螺旋张紧或液压张紧的带式输送机出现输送带打滑时可调整张紧行程来增大张紧力。但是，有时张紧行程已不够，输送带出现了永久性变形，这时可将输送带截去一段重新进行硫化。

② 在使用尼龙带或 EP 时要求张紧行程较长，当行程不够时也可重新硫化或加大张紧行程来解决。

③ 使用重锤张紧装置的带式输送机在输送带打滑时可添加配重来解决，添加到输送带不打滑为止。但不应添加过多，以免使输送带承受不必要的过大张力而降低输送带的使用寿命。

4．输送机的安全操作规程

① 固定式输送机应按规定的安装方法安装在固定的基础上。移动式输送机正式运行前应将轮子用三角木楔住或用制动器刹住。以免工作中发生走动，有多台输送机平行作业时，机与机之间、机与墙之间应有 1m 的通道。

② 输送机使用前须检查各运转部分、胶带搭扣和承载装置是否正常，防护设备是否齐全。胶带的张紧度须在启动前调整到合适的程度。

③ 带式输送机应空载启动，等运转正常后方可入料，禁止先入料后开车。

④ 有数台输送机串联运行时，应从卸料端开始，顺序启动。全部正常运转后，方可入料。

⑤ 运行中出现胶带跑偏现象时，应停车调整，不得勉强使用，以免磨损边缘和增加负荷。

⑥ 工作环境及被送物料温度不得高于 50℃和低于−10℃。不得输送具有酸碱性油类和有机溶剂成分的物料。

⑦ 输送带上禁止行人或乘人。

⑧ 停车前必须先停止入料，等皮带上存料卸尽方可停车。

⑨ 输送机的电动机必须绝缘良好，移动式输送机电缆不要乱拉和拖动，电动机要可靠接地。

⑩ 输送带打滑时严禁用手去拉动，以免发生事故。

项目考核评价

完成此项目，就根据实训条件选择适当搬运设备，然后进行操作。在此，以最基本的搬运托盘搬运车来完成此项，予以考核。

以学生个人为单位实行考核。

	直 线 搬 运			直角转弯搬运			得　　分
	自评	同学评	教师评	自评	同学评	教师评	
学生 1							
学生 2							
学生 3							
学生 4							
学生 5							

说明：

1．每个人的总分为 100 分

2．每人每项为 50 分制，计分标准为：不会操作计 1～15 分，基本不会操作计 16～30 分，操作较好计 31～40 分，操作很好计 41～50 分

3．采用分层打分制，建议权重计为：自评分占 0.2，同学评分占 0.3，教师评分占 0.5，然后加权算出每位同学在本项目中的综合成绩

项目六 包装设备的使用与管理

各种产品除了应提高其内在的质量外，包装也是直接关系到产品营销成败的关键之一。包装机械化是提高包装工作效率和包装质量的重要手段，是促进产品生产与流通的积极措施。

根据国际标准化组织制订的包装机械国际标准和我国制订的包装机械有关国家标准（GB/T 4122.1—2008，GB/T 4122.2—1996），包装设备即包装机械设备，是指完成全部或部分包装过程的一类机器。包装过程包括充填、裹包、封口等主要包装工序以及与其相关的前后工序。根据包装机械的功能，可分为充填、灌装、封口、裹包、捆扎、贴标等多种机械。根据包装机械的自动程度，可分为手动包装机、自动包装机、包装生产线。

项目描述

学 习 目 标	器 材 工 具	教 学 建 议	课 时 计 划
① 了解常用的包装设备 ② 认识并掌握包装设备的主要类型 ③ 掌握手动打包机和半自动打包机的操作 ④ 在作业中培养学生的团队精神	① 手动打包机 ② 半自动打包机 ③ 箱装物品 ④ 普通托盘若干	① 条件允许时，尽量在理论实践一体化教室或实训室和多媒体教室中实施教学 ② 设备操作注意事项应参照设备说明书	计划 8 学时，其中理论教学 2 学时，实践操作 4 学时，项目考核 2 学时

项目任务

将流通加工区的某一指定箱装货物进行打包。其操作应涉及如下作业环节：

（1）按照作业在流通加工区准确找取箱装的货物；

（2）将此货物码放至托盘上，并使用手动托盘搬动车将货物运至打包区；

（3）在打包区内采用手动和半自动两种方式将货物打包；

（4）将包装好的货物再使用手动托盘搬运车运至出库理货区。

项目导学

图 示	说 明
手动包装机	手动包装机是以人力作为包装动力，用来对货物进行简单打包、缠绕、包装的设备或器械的组合 这类设备一般成本较低、结构简单、维修简易、使用方便、操作简单，能适应各类环境的工作，携带方便也是其一大优势。因而在小型物流企业和包装要求不高的生产企业中比较多见

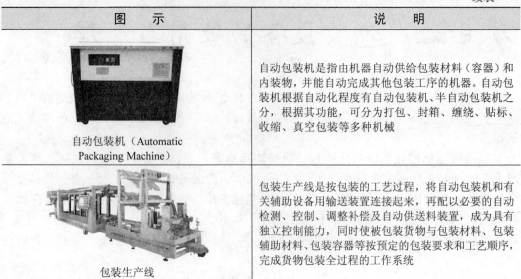

续表

图 示	说 明
自动包装机（Automatic Packaging Machine）	自动包装机是指由机器自动供给包装材料（容器）和内装物，并能自动完成其他包装工序的机器。自动包装机根据自动化程度有自动包装机、半自动包装机之分，根据其功能，可分为打包、封箱、缠绕、贴标、收缩、真空包装等多种机械
包装生产线	包装生产线是按包装的工艺过程，将自动包装机和有关辅助设备用输送装置连接起来，再配以必要的自动检测、控制、调整补偿及自动供送料装置，成为具有独立控制能力，同时使被包装货物与包装材料、包装辅助材料、包装容器等按预定的包装要求和工艺顺序，完成货物包装全过程的工作系统

任务一 手动包装机的使用与管理

一、手动包装机的认知

手动包装机是以人力作为包装动力，用来对物品进行简单打包、缠绕、包装的设备或器械的组合。

这类设备一般成本较低、结构简单、维修简易、使用方便、操作简单，能适应各类环境的工作，携带方便也是其一大优势。因而在小型物流企业和包装要求不高的生产企业中比较多见。

中国的包装机械起步较晚，经过 20 多年的发展，中国的包装机械已成为机械工业中十大行业之一，为中国包装工业的快速发展提供了有力的保障，有些包装机械还填补了国内空白，已能基本满足国内市场的需求，部分产品还有出口。但在目前，中国包装机械的出口额还不足总产值的 5%，进口额却与总产值大抵相当，与发达国家相去甚远。

二、手动包装机的分类

目前在物流业中使用的手动包装机不多见，常见的几种见表 6.1。

表 6.1　　　　　　　　　　手动包装机种类

名称	图 形	特 点	主要参数
手动打包机	手动打包机	手动打包机使用手动操作，属分体式工具，由手动拉紧器（STTMR）配合手动咬扣器（STTR）使用 特性：使用手动操作，坚固耐用，保养方便 适用行业：钢管、钢卷、线材、裁剪分条等圆形或不规则平面包装物品或包装量小的企业	

续表

名称	图　形	特　点	主要参数
手动缠绕膜包装机	手动缠绕膜包装机	手动缠绕膜包装机使用方便、简单、轻巧，对包装物能起到防尘、防潮、保洁的作用，减少包装物的表面擦伤，使包装物更加牢固	重量约 2kg，膜高低可调30～50cm，膜低芯直径可调38～76cm，膜重量合适范围为3～5kg
手动拉膜器	手动拉膜器	手动拉膜器是利用机械摩擦阻力将缠绕膜拉开，并可灵活调节其拉伸比的手持式工具，代替人力拉膜，操作简单方便。适用于包装量小的企业	
手动透明膜包装机	手动透明膜包装机	手动透明膜包装机整机轻巧美观，包装场地不受机器重量限制，操作简单，运行稳定 该机广泛适用于香烟、卷烟、药品、避孕套（安全套）、保健品、食品、化妆品、文具用品（如橡皮擦、告示贴等）、音像制品（CD、VCD、DVD）等行业中各种盒式物品的单件包装 经过包装的货物能够防伪、防潮、防尘，提高产品附加值、产品档次、产品装潢质量	包装材料：OPP BOPP薄膜、热粘玻璃纸及防伪金拉线包装速度：25～35 包/min 包装尺寸：BTB-A(40～150)×(30～100)×(10～80)mm BTB-B(100～400)×(50～250)×(20～100)mm 电源及总功率为 220V 50Hz 3.3kW 外形尺寸：BTB-A (L)1300×(D)600×(H)1000mmBTB-B (L)1600×(D)700×(H)1000mm

三、手动包装机的使用

下面以最常用的手工打包机（手工打包钳）为例来介绍其使用方法。

手动打包机由手动拉紧器和配合手动咬扣器两部分构成（见图6.1和图6.2），在打包中需要这两部分配合使用。

操作流程为下：

拿出货箱→环绕打包带→穿入紧带钳→拉紧并固定打包带→剪带→穿上打包扣→夹紧打包钳→结束。

图 6.1　紧带钳（拉紧器）

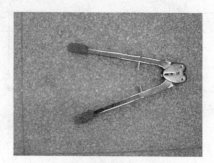

图 6.2　打包钳（咬扣器）

任务二　自动包装机的使用与管理

一、自动包装机的认知

自动包装机一般分为半自动包装机和全自动包机两种。由人工供给包装材料（容器）和内装物，但能自动完成其他包装工序的机器称为半自动包装机。自动完成主要包装工序和其他辅助包装工序的机器，称为全自动包装机。

自动包装机与手动包装机相比较，由于具备先进的电气部分才实现了自动功能。其电气部分一般组成如下。

① 主控电路由变频器、可编程控制器（PLC）组成控制核心。

② 温控电路由智能型温控表、固态继电器、热电偶元件等组成，控温精确，显示直观，设定方便。

③ 由光电开关、电磁接近传感器等实现多点追踪与检测。

随着自动化程度的提高，包装机的操作、维护和日常保养也更加方便简单，降低了对操作人员的专业技能要求。产品包装质量的好坏，直接与温度系统、主机转速精度、追踪系统的稳定性能等相关。

追踪系统是包装机的控制核心，采用正反向双向追踪，进一步提高了追踪精度。机器运行后，薄膜标记传感器不断的在检测薄膜标记（色标），同时机械部分的追踪微动开关检测机械的位置，上述两种信号送至 PLC，经程序运算后，由 PLC 的输出 Y6（正追）、Y12（反追）控制追踪电动机的正反追踪，对包装材料在生产过程中出现的误差及时发现同时准确的给予补偿和纠正，避免了包装材料的浪费。检测若在追踪预定次数后仍不能达到技术要求，可自动停机待检，避免废品的产生；由于采用了变频调速，大幅减少了链条传动，提高了机器运转的稳定性和可靠性，降低了运转时的噪声。

自动包装机所用的传动系统虽然功能比较简单，但对传动的动态性能有较高的要求，系统要求较快的动态跟随性能和高稳速精度。因此，必须考虑变频器的动态技术指标，选用高性能变频器才能满足要求。

二、自动包装机的类型

目前在物流业中常用的包装机械大多为自动或半自动包装机，根据其功能，可分为打包、封箱、缠绕、贴标、收缩、真空包装等多种机械。

1. 打包机的类型

打包机又称捆扎机或捆包机，自动打包机分有全自动打包机和半自动打包机的区别。其中半自动打包机用输送装置将包装件送至捆扎工位，再用人工将带子缠绕包装件，最后将带子拉紧固定。其工作台面较低，很适合大型包装件的捆扎。

常用的自动打包机的类型见表6.2。

表6.2　　　　　　　　　　　　常用的自动打包机的类型

名　称	图　示	特　性
半自动打包机	半自动打包机	半自动打包机的动作协调，可靠性高。具有瞬时加热，5s 内可使加热片工作，进入最佳打包状态；60s 内不操作，自动停机、进入待机状态，省电；使用范围广，不管大小包装，不用调整机器就可以打包；属机械式结构，后刀刃稳定可靠，调整方便等特点
自动打包机	自动打包机	自动打包机综合了世界主流机型的主要优点和先进技术：先进的免加油结构使得用户维护保养十分方便。调温和捆紧力按钮外置，使得操作调整简单直接。外露式带仓及三种捆扎模式的选择，使得穿带、操作，更加简单易行。先进可靠的电器控制系统更是摒弃了传统的交流接触器的控制形式而代之以无机械触点的接近传感器和计算机控制，多重保护电路使得该机型不仅工作性能卓越，更在多种重量的工作环境中都能安全可靠地工作
全自动加压式打包机	全自动加压式打包机	全自动加压式打包机专为膨松货物加压后捆包而设计，气压力量按要求设计，可根据需要选择气压或油压缸。适合于帆布、水泥袋及各种膨松产品的捆包，经捆包后扎实牢靠，可节省运输空间及费用 全自动加压式打包机适合于帆布、水泥袋及各种膨松产品的捆包。货物经捆包后可保证包件在运输、储存中不因捆扎不牢而散落，同时捆扎整齐美观
全自动穿剑式打包机	全自动穿剑式打包机	全自动穿剑式打包机适于皮革、纸制品、针棉织品等软性、弹性制品打包。为使捆紧，必须先加压压紧后捆扎，加压方式分为气压和液压两种一般采用 PLC 控制，动作协调，可靠性高，并且使用方便、速度快，能适合高速度生产线流水作业，铝合金支架，免加油的保养

续表

名　称	图　示	特　性
全自动水平式打包机	全自动水平式打包机	全自动水平式打包机的带子轨道为水平布置，对包装件进行水平方向捆扎，适用于诸如托盘包装件的横向捆包。机芯和标准型通用，确保了维修的方便和快捷 全自动水平式打包机具有外形美观、捆扎紧力卓越、故障少、维修方便等特点。达到捆扎连续可靠、塑料带贴紧包件表面、接头牢固、机器电气安全、工作噪声烟雾等不影响操作人员健康的要求
全自动无人化打包机	全自动无人化打包机	全自动无人化打包机能在无人操作和辅助的情况下自动完成预定的全部捆扎工序、包装件的移动和转向，适于大批量包装件的捆扎 适用于化纤、烟叶复烤、制药、出版、制冷空调、家电、陶瓷、火工等行业
全自动打包机	全自动打包机	全自动打包机采用机芯侧置的结构形式，特别适用于有粉尘，液体及海产品等包装物的纸箱的捆扎，不用担心粉尘，水滴及其他腐蚀性液体对机芯的磨损和腐蚀。输送机上设有球形触动开关，方便自动操作。机器整体采用前后双门式结构，可方便地打开进行穿带，检修或保养，操作面板可根据需要进行前置或后置，科学的设计使用户可根据场地及操作需要在生产线上灵活地布置机器

2．封箱机的类型

封箱机采用即贴胶带封纸箱封口，经济快速、容易调整，可一次完成上、下封箱动作，也可以采用印字胶带，更可提高产品形象，是企业自动化包装的首选。封箱机轻巧耐用，操作简单；广泛适用于家电、电子、食品、乳品、油类、化妆品、饮料、电器等行业。

常用的自动封箱机类型见表 6.3。

表 6.3　　　　　　　　　　常用的自动封箱机类型

名　称	图　示	特　性
胶带式全自动封箱机	胶带式全自动封箱机	胶带式全自动封箱机顶部和侧面用皮带传动，适合于重量大的货物，广泛应用在家用电器、纺织、食品、百货、医药、化工等行业

续表

名　称	图　示	特　性
角边式 全自动封箱机	角边式全自动封箱机	角边式全自动封箱机自动封顶部底端边缘，手动调节纸箱的尺寸
侧带式 全自动封箱机	侧带式全自动封箱机	侧带式全自动封箱机的侧面由皮带驱动，自动折叠顶部折盖。广泛应用在家用电器、纺织、食品、百货、医药、化工等行业

3．缠绕机的类型

缠绕机又称裹包机，是指为适应货物集装化储存、运输及机械化装卸作业的要求，对货物进行集中裹包的设备。该设备广泛应用于外贸出口、食品饮料、制灌、造纸、染料、塑胶化工、玻璃陶瓷、机电铸件等产品的集装，既能降低物流成本，提高生产效率，又能防止货物在搬运过程的损坏，并起到防尘、防潮及保洁作用。缠绕机的类型见表6.4。

表6.4　　　　　　　　　　　　　　缠绕机类型

名　称	图　示	特　性
旋臂式 自动薄膜缠绕机	旋臂式自动薄膜缠绕机	旋臂式自动薄膜缠绕机是对效率要求较高的仓储物流设计的 旋臂式自动薄膜缠绕机的可编程控制，顶部及底部缠绕层数、次数、越顶时间、加固层数0～9可直接在面板上设置，可采用单机或在线式设备，实现货物的自动包装、自动输送。该机操作简单，只需按自动运行按钮，即可完成整个包装过程 该机更适合于较轻或较重的货物，并且安装方式灵活，可安置在墙壁上，也可以利用支架固定，目前已广泛应用于制瓶制罐、建材、化工、电子电器等行业

续表

名　称	图　示	特　性
无纺布 自动缠绕机	无纺布自动缠绕机	无纺布自动缠绕机采用单机或在线式设备，实现货物的自动包装、自动输送。使用无纺布缠绕机既能降低产品集装成本，提高生产效率，又能防止货物在搬运过程的损坏，并起到防尘、防潮及保洁作用
圆筒纸 自动缠绕机	圆筒纸自动缠绕机	圆筒纸自动缠绕机对圆筒状物体进行轴向包装，实现物体的整体裹包。有利于货物的储存、运输及周转，具有防尘、防潮、保洁的作用。其包装成本低、效率高、提升包装档次。同时，根据包装的实际需要，可选用圆筒—托盘两用型、自动顶出型、自动在线等设备。圆筒纸自动缠绕机采用 PLC 控制及人机界面操作系统，使操作更加方便。转盘变频调速，链条传动，转盘自动复位，滚筒变频调速
在线 自动缠绕机	在线自动缠绕机	在线自动缠绕机是适应流水线作业的包装机械，非常适合现代化企业的自动化包装的需要，对提高包装效率、降低劳动强度，有效利用人力资源，起到非常积极的作用 目前，在线自动缠绕机已经在化工、电子、食品、饮料、造纸等行业包装线中得到了广泛的应用
加压 自动缠绕机	加压自动缠绕机	加压自动缠绕机具有缓启动及缓停止功能，当货物过高过轻时容易散落在地，此功能可确保货物在运转过程中的平稳与安全，转盘转速及膜架速度均可作无极变速的调整。加压缠绕机结构稳固，数位电子控制回路，稳定性高、使用寿命长、故障率低。适合对较轻、较高及物体顶端稳定性较差的货物裹包
预拉 自动缠绕机	预拉自动缠绕机	预拉自动缠绕机是以 LLDPE 缠绕膜为主要包装材料，对堆放在托盘上的货物进行缠绕包装，使被包装物更加稳固和整洁，并能起到防水、防尘的作用。同时减轻了劳动强度，提高了劳动效率，是现代企业产品包装的理想设备 预拉自动缠绕机被广泛应用于外贸出口、制瓶制罐、造纸、五金电器、塑胶化工、建材、农产品、食品饮料、玻璃、畜牧、医药等行业

续表

名　称	图　示	特　性
阻拉自动缠绕机	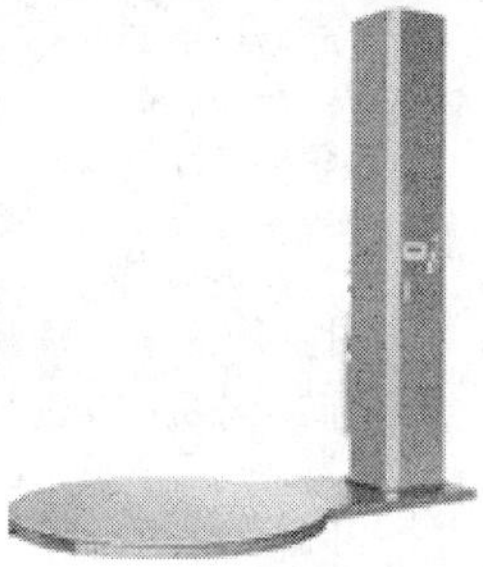 阻拉自动缠绕机	阻拉自动缠绕机是一款最经济实用缠绕机，是一种带有电气装置的包装机械，利用拉伸膜的张力卷绕各种散装物体或整装物体，使其包装成一整体。阻拉缠绕机适合快速运输或储存，适应性强，高效低耗，减轻劳动强度，对包装物能起到防尘、防潮、保洁的作用，减少包装物的表面擦伤，提高表面质量，使包装更牢固
自动薄膜缠绕机	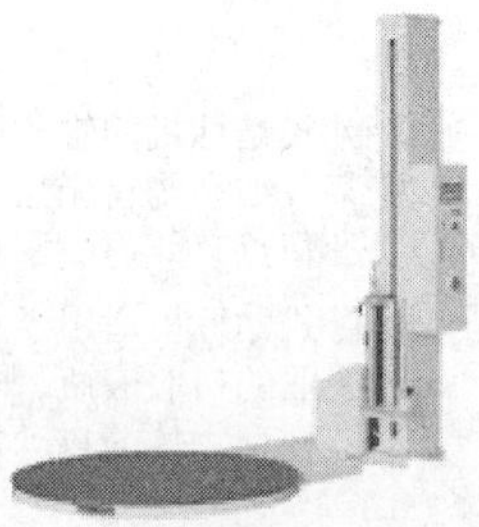 自动薄膜缠绕机	自动薄膜缠绕机采用 PLC 控制，可对包装物进行各种工艺要求的缠绕包装作业并且自动上断膜。自动薄膜缠绕机在缠绕过程中主要的是对薄膜拉紧力的调整以及穿膜。自动薄膜缠绕机一般通过调整转盘转速和调节电动机的转速就能达到薄膜张紧程度。只要知道转盘转速越快，电动机转动越慢，膜就会越紧，反之越松这个原理就不难操作了。自动运行，完成机器设定功能，感测货物高度及光电屏蔽功能

4．贴标机的类型

贴标机是指能够完成平面粘贴、包装物的单面或多面粘贴、柱面粘贴、局部覆盖或全覆盖圆筒粘贴、凹陷及边角部位粘贴等贴标作业的机械设备。贴标机的类型见表 6.5。

表 6.5　　　　　　　　　　　　　　　帖标机的类型

名　称	图　示	特　性
打码机	 打码机	打码机可用于打印 DLC、DLV 条码和产品批号。可用在各种贴标机上 打码机适用于各种塑料袋、塑料膜、铝箔、商标、纸盒、皮革、证件、塑料制品等
半自动贴标机	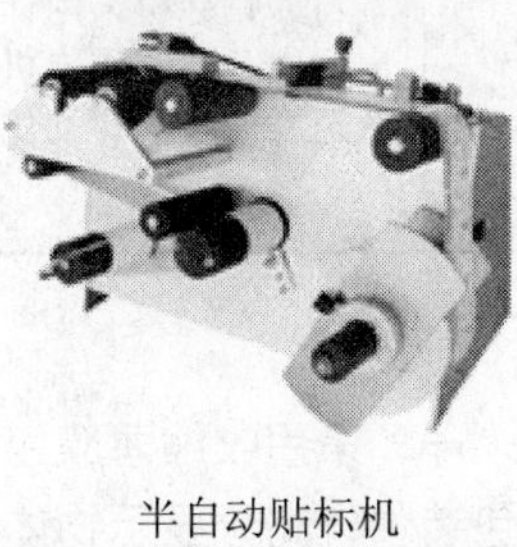 半自动贴标机	半自动贴标机可在直径为 45～110mm 的圆瓶上同时粘贴 1～2 张标签。经调整可粘贴锥形包装物上的标签 半自动贴标机专用于电子、日化、汽车、精密塑料、医药等行业的小尺寸货物上的高精度准确贴标。尤其可满足各类小型产品（如 SD 卡、电子元件、电路板、汽车配件、精密塑料元件、化妆品等精细物料）的精确外标识要求

续表

名　　称	图　　示	特　　性
双面贴标机	双面贴标机	双面贴标机具有人性化的触控屏，操作简单直观、功能齐全，具有丰富的在线帮助功能。双面贴标机针对扁形、方形等表面不规则及有弧度瓶身而设计以确保贴标精度及效果，双侧链条带校正装置确保扁瓶、方瓶的对中性；特殊弹性顶压装置，确保瓶身的稳定性 双面贴标机可完成自动正反双侧面贴标签，该机器适用于食品、日化、医药及其他轻工行业中的各种扁形、方形类产品的双侧面和圆瓶圆周的自动贴标
卧式贴标机	卧式贴标机	卧式贴标机的辊子输送带卧式送料，无需担心某些细小物料无法立式进料问题。以瓶身为校准基点有效提高了贴标的精度 卧式贴标机适用于医药、保健品、食品等生产企业的口服液瓶、安瓿瓶、西林瓶等直径较小圆柱型物体的自动贴标
圆瓶贴标机	圆瓶贴标机	圆瓶贴标机灵活易用，特别针对医药行业包装及标签大小生产时常需变更的要求，具有自动检测容器及标签尺寸，并自动调节参数的先进功能拓展性强。可配 D—1 打码机使用，也可单机使用，亦能够满足联线使用。圆瓶贴标机具有自动检测标签长度及剩余标签报警功能。可选取配自动检测瓶子直径的功能，并且自动调节参数，实现智能控制。圆瓶贴标机操作方便、直观、具有丰富的帮助功能和故障显示功能 圆瓶贴标机主要适用于医药、日化、食品等行业
自动贴标机	自动贴标机	自动贴标机采用微处理回路控制系统，使用触摸式人机界面。采用不干胶卷筒贴标纸，贴标采用滚贴方式，无须调节，一键完成。配制自动送瓶和收瓶装置，一次完成放瓶、贴标及收瓶程序，还可配备印字机同步完成标签打印，本自动贴标机采用计算机光纤控制，同步追踪，出标由互感步进电机控制，确保出标速度与卷瓶速度同步的自动化包装机械

5．收缩机的类型

收缩包装是目前市场上较先进的包装方法之一，采用收缩薄膜包在产品或包装件外面，加热后使包装材料冷却时收缩从而裹紧产品或包装件，充分显示物体的外观，提高产品的展销性，以增加美观及价值感。使用全自动收缩机包装后的物品能密封、防潮、防污染，并保护商品承受来自外部的冲击，具有一定的缓冲性，尤其是当包装易碎品时，能防止器皿破碎时飞散。此外，可减低产品被拆、被窃的可能性。

收缩机（也称热收缩机）是目前市场上较为先进的包装设备之一，收缩机是将产品用热收缩薄膜裹包后再进行加热，使薄膜收缩后裹产品的机器。在收缩过程中，不影响包装物的品质，而能收缩快速完美，包装后的产品能密封、防潮、防撞击，适用于多件货物的紧包装和托盘包装。

收缩机可用于玻璃瓶、发泡胶、纸盒、玩具、电子、电器、文具、图书、唱片、五金工具、日用品、药品、化妆品、饮料、水果、纪念标签等物品包装。

收缩机的类型见表 6.6。

表 6.6 收缩机的类型

名　称	图　示	特　性
收缩炉	收缩炉	收缩炉采用电子调速器，可任意调整转速，也可自动调节风量大小。收缩炉选用双层隔热板，因此不会导致周围环境太热，电动机均采用名厂的电动机，可满足大负荷、长时间运转的需要，底部装有脚轮，可自由移动 收缩炉适用于碗装、桶装方便面、杯装果奶、杯装奶茶、挂面、馍片、消毒（一次性）餐具、牙膏、化妆品、蚊香、电池等外层热收缩包装
袖口式套袋机	袖口式套袋机	袖口式套袋机广泛用于批量生产包装的流水作业，工作效率高，自动送膜打孔装置和手动调节的导膜系统以及手动调节的进料输送平台，适用不同宽度及高度的产品，该袖口式套袋机具有密接功能，专为包装小产品设计，配有进口检测光电，水平、垂直检测各一组，便于切换选择，对于薄与小的包装物，可轻易完成封口包装作业，当包装物尺寸变更时，调整非常简单，不用换模具与制袋器 袖口式套袋机广泛应用于软件、食品、化妆品、印刷、制药及地板、陶瓷、饮料、五金等行业的特大批量收缩包装
全自动收缩机	全自动收缩机	全自动收缩机是将产品用热收缩薄膜裹包后再进行加热，使薄膜收缩后裹产品的机器。在收缩过程中，不影响包装物的品质，而能收缩快速完美，包装后的产品能密封、防潮、防撞击，适用于多件物品紧包装和托盘包装

续表

名　称	图　示	特　性
半自动收缩机	半自动收缩机	半自动收缩机采用收缩薄膜包裹在产品或包装件外面，经过加热，使收缩薄膜收缩裹紧产品或包装件，充分显示物品的外观，提高产品的展销性，增加美观及价值感。经过半自动收缩机包装后的物品能密封、防潮、防污染，并保护商品免受来自外部的冲击，具有一定的缓冲性，尤其是当包装易碎品时，能防止器皿破碎时飞散。此外，可减低产品被拆、被窃的可能性
自动收缩机	自动收缩机	自动收缩机是将产品用热收缩薄膜裹包后再进行加热，使薄膜收缩后裹产品的机器。自动收缩机采用最先进的热风循环技术，通过自动温度调节器来控制温度，高效节能。经收缩包装的产品不仅美观大方，节约包装成本，还可进行促销组合包装等，同时具有密封、防尘、防潮和防盗性，使用户不必破坏坏包装即可确认商品，令最终用户亲手打开产品的包装 自动收缩机适用范围广泛，可用于玻璃瓶、发泡胶、纸盒、玩具、电子、电器、文具、图书、唱片、五金工具、日用品、药品、化妆品、饮料、水果、纪念标签等物品包装
热收缩机	热收缩机	热收缩机采用最先进的热风循环技术，通过自动温度调节器来控制温度，高效节能。输送电动机采用先进的交流调速电动机，或配以性能卓越的变频器，动能强劲，运行平稳，耗能低 热收缩包装是国际、国内最流行，使用范围最广的方法之一，广泛应用于食品、饮料、医药、日化、五金、木制品、文化用品、印刷制品、塑料制品、玻璃制品、电子元件等产品的单一、集合或组合包装

6. 真空包装机的类型

真空包装将食品装入包装袋，抽出包装袋内的空气，达到预定真空度后，完成封口工序。真空充气包装将食品装入包装袋，抽出包装袋内的空气达到预定真空度后，再充入氮气或其他混合气体，然后完成封口工序。

真空包装机的主要作用是除氧，以有利于防止食品变质，其原理也比较简单，因食品霉腐变质主要由微生物的活动造成，而大多数微生物（如霉菌和酵母菌）的生存是需要氧气的，真空包装就是运用这个原理，把包装袋内和食品细胞内的氧气抽掉，使微生物失去生存的环境。

真空包装机适合于对各种食品、肉制品、海产品、果蔬、酱菜、冷却肉、医药产品、五金元件、医疗器械等进行抽真空、充气、贴体的包装机。

真空包装机的类型见表 6.7。

表 6.7 真空包装机的类型

名　称	图　示	特　性
台式真空包装机	台式真空包装机	台式真空包装机的机盖采用全透明有机玻璃，对包装过程一目了然，具有抽真空、封口、印字、冷却一次完成之功能，机体上设有抽真空时间、热封时间、冷却时间等调节设置，以达到最佳的包装效果 台式真空包装机以塑料复合薄膜或塑料铝箔复合膜为包装材料，对固体、液体、粉状、糊状的食品、粮食、酱菜、药品、电子元件、紧密仪表等进行真空包装 经台式真空包装后可有效防止产品氧化、霉变、腐败受潮，达到保质、保鲜、保味、延长产品的存储期限
单室真空包装机	单室真空包装机	单室真空包装机具有抽真空、封口、印字一次完成的功能，为适应不同的包装材料和不同的包装要求，单室真空包装机设有真空度、热封温度、热封时间等调整装置，以达到最佳包装效果 单室真空包装机配备换字方便、印字清晰的印字装置，即在封口的同时，在封口线上印上产品的保质期、出厂日期或出厂编号等，以符合国家食品标签法的规定 单室真空包装机是设计先进、功能齐全、性能稳定可靠、理想的小型真空包装机械
双室真空包装机	双室真空包装机	双室真空包装机是根据吸取国外同行业的先进技术经验生产的，其电器方面采用 PLC 全程控制，双室真空包装机具有防水、防潮、故障率低、使用寿命长等优点，这些优点使该设备便于清洗，架体采用国际标准食品用 304 不锈钢板直接冲压而成，强度高，稳定性好，不易破损。由于袋内真空度高，可有效防止物品氧化、腐败和变质，起到保鲜、保味、保色的功能，延长物品的存储时间 双室真空包装机以塑料复合膜或铝塑复合膜为包装材料，对各种粮食、土特产、水产品、药品、化工原料、电子元件等，不论固体、粉体、糊状或液体均可进行抽真空热封包装
立体袋真空包装机	立体袋真空包装机	立体袋真空包装机是将包装袋内抽成真空后，再充入适量的惰性气体（如氮气、二氧化碳），然后就自动封口，由于充入不活泼气体，其本身具有抑制微尘物繁殖的作用，所以可以达到保质的目的，同时，充气后的包装由于内外压力差小，使包装物呈自然状态，外型鲜明、饱满、增加包装物品的美观。既可用于"真空包装"又可用于"真空充气包装"的小型真空充气装机械 立体袋真空包装机适合于对各种食品、肉制品、海产品、果蔬、酱菜、冷却肉、医药产品、五金元件、医疗器械等进行抽真空、充气、贴体的包装

三、自动包装机的使用

自动包装机的种类繁多，下面以目前在物流活动中最常用的打包机为例来介绍其使用方法。

自动打包机的使用，应注意把握其典型结构、整机检查安装、操作使用、故障判断等要求和原则。

1．典型结构

自动打包机的结构，如图 6.3 所示。自动打包机的主要部件见表 6.8。

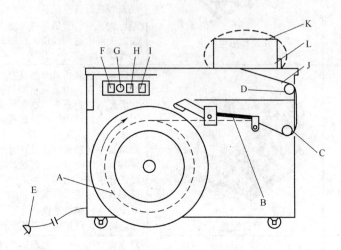

图 6.3　自动打包机的结构

表 6.8　　　　　　　　　　　　　　自动打包机的主要部件

名　　称	功　　能
A 带盘	带卷安装在此处
B 导带杆	带子经过导带杆，使送带时拉开刹车器
C 导带轮	为一白色尼龙轮，用以协助送带时易于滚动
D 导带轮	同上
E 插头	用以插接电源
F 电源开关	用以启动电源
G 长度调节器	调节每次自动送带的长度
H 归零开关	按此钮每一次退带（半个动作），第二次为归零
I 手动出带开关	为手动调节任意出带长度
J 出带槽	带子穿过此，机器没归零或积塞杂物，即无法穿过
K 捆包物	为欲捆包之物品，紧靠阻挡器

2．安装包装带

包装带安装法方如图 6.4、图 6.5 所示。

使用宽度 6～15mm，厚度 0.70～0.90mm，纸芯内径 200mm 的带卷，为防止带卷松散，装带前勿将包装纸及绳拆开，待放入带盘固定后拆除。将空带盘由机内取出，取下带盘轴套筒，将带盘一边取出，带卷放入带盘，重新装回带盘轴套筒锁紧即可。

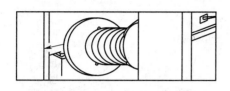
（a）

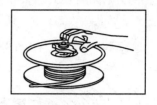
（b）

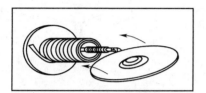
（c）

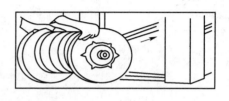
（d）

图 6.4 装带方法示意图

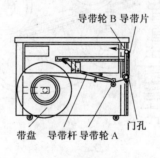
（a）

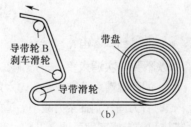
（b）

图 6.5 穿带方法示意图

（a）标准型机器

参照图 6.5（a），把带头从带盘引出，穿过导带杆→导带轮 A→门孔→导带片→导带轮 B，直到穿过机器桌面。

（b）低壹型机器

参照图 6.5（b），先将带盘三脚架悬挂于机器并固定下缘，将带子由下方引出经→导带滑轮→刹车滑轮→导带轮 B，直到看见带子末端穿过机器桌面。

3．调整机器

调整机器的方法如图 6.6、图 6.7 所示。

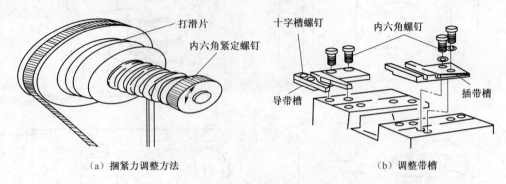

（a）捆紧力调整方法 （b）调整带槽

图 6.6　调整机器方法示意图

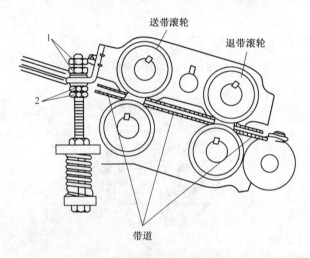

图 6.7　调整机器方法示意图

机器的调整方式如下。

（1）温度之调整：打开电器盒，可看到一个电位器旋钮，顺时针方向转温度变高，温度太高或太低，粘合效果都不好，所以不要一次调太多，一般调在 4～5 刻度即可。

（2）捆紧力调整：见图 6.6（a），调整螺帽之上有一无头内六角紧定螺钉，松开后，将调整螺帽顺时针方向转则捆紧力加大，逆时针方向转则捆紧力减小。调好后再将紧定镙钉固定好。

（3）宽度调整：本机设计插带槽和导带槽宽度可调，出厂时宽 15mm。当捆包带宽度改变时，将图 6.6（b）中所示 4 个内六角螺钉及 2 个十字槽螺钉松开，把插带槽和导带槽的宽度调整到比捆包带宽度大 1mm 左右，安装注意插带槽和导带槽的中心与力的中心在同一直线上。

（4）粘合速度调整：在电路板中间部位有一方形开关，中间有 1 和 2 两个白色调整器，将 1 或 2 单独一个往"ON"方向移，则为中间速度，如将 1 及 2 一齐往"ON"方向移，则为最慢的速度。

（5）送退带滚轮间隙之调整

由于各地所使用的捆包带种类很多，厚度不一，这一部分调整相关重要，参考图 6.7，说明如下。

A. 送退带滚轮前后各一组，每一组上下各有两个滚轮，前面两个滚轮控制送带，后面两个滚轮控制退带及拉紧。

B. 机器必须在归零状况下，由于退带滚轮须兼有拉紧而使打滑片打滑之作用，是以调整时以退带滚轮为主。图上 1 和 2 处之 4 个六角螺帽往上调高，退带轮之间隙则越小，调至退带滚轮间隙只比带子厚度多出 0.05～0.10mm 时即可。

C. 须特别注意 1 部分与 2 部分两组螺帽与 L 形曲板间不可以锁紧，必须保持 0.3～0.5mm 间隙。

D. 滚轮组合必须上下活动自如，否则需查看何处卡住，尤其注意两组螺帽中间的螺丝与 L 形曲板的孔径，不可卡住。

4. 打包操作

采用半自动打包方式时，紧带钳啮齿良好，打包扣准备好并与打包带匹配。采用半自动打包方式时，设备通电后运转正常，打包带安装完毕，按照打包单的要求打包货物已放置到指定的纸箱或木箱中。按如下作业流程方可迅速地完成打包：

将打包带安装完好→开启电源→调整温度使表盘指针指向 4 与 5 之间→调整捆紧力（螺帽上有一无头内六角紧固螺钉，顺时针旋转则捆紧，逆时针旋转则放松）→调整粘合速度（电路板中间部位有一方形开关，将指定开关调到 ON，则设置为中间速度）→将打包带绕过货箱→将带头沿着导向槽插入触动微动开关→机器自动按照设定的条件拉紧打包带、粘合、压紧、切断→结束。

5. 注意事项

① 确认机器所使用的电源，勿插错电源。本机采用三相四线制，花线为接地零线，作漏电保护。

② 操作时请勿将头手穿过带子的跑道。

③ 请勿用手直接触摸加热片。

④ 勿用水冲洗机器，工作场所潮湿时，操作人员请勿赤脚工作。

⑤ 机器不使用时请将储带仓内的带子卷回带盘，以免下次使用时变形。

⑥ 输带滚轮表面请勿粘油。

⑦ 机器不用时切记拔掉电源。

⑧ 勿随意更换机器上的零件。

⑨ 主要零部件要经常用油润滑。

6. 常见的故障及排除方法

常见的故障及排除方法见表 6.9。

表 6.9 常见的故障及排除方法

序　号	故　障	处 理 方 法
1	卡带处理，当带子卡在滚轮中间，或有异物塞住无法取出	a. 拆开六角螺帽的垫圈
		b. 松开中间连接轴心上的两个 M5 沉头螺钉，由于此两个螺钉固定在连接轴心的缺口部分，所以必须将螺钉转上些
		c. 取下连接轴心，将上轮机拿起，取出卡住物
		d. 依以上 c-b-a 方式装配复原
		e. 注意螺帽与 L 形曲板保持 0.3～0.5mm 的间隙

续表

序　号	故　障	处 理 方 法
2	不自动出带	a. 检查"出带长度调整"是否在"0"处
		b. 检查穿带过程是否正确
		c. 检查送带滚轮附近卡住异物
3	捆紧后不切带	a. 松紧调整得太紧
		b. 打滑片或者打滑皮带有油，皆位于松紧调整附近，必须拆下擦掉油
		c. 带太紧，将皮带传动座往下调些，或将马达往后调些即可
		d. 改用较薄的带或退带滚轮间隙太大
4	粘合效果欠佳	a. 温度太高或不够，有时较特殊的带，黏性较差，温度必须很准确才可以
		b. 使用电压不够，有很多工厂的电压，往往不足，如果再使用延长线或者电缆线，造成压降，使原先调整的温度变低，甚至于马达捆紧时烧掉，所以尽量避免使用电缆线，如果一定要用延长线，则须接较粗而不要太长的电线
		c. 中刀下方的 635 轴承破掉，如此则有加温而完全无法粘合。
		d. 电热怪手（摆杆）上的长拉弹簧疲乏，如此则无法将怪手拉至定位，导致粘合一半甚至更少
		e. 电热钢片太高太低，或偏左偏右，因此碰到上、下方的 PP 带，或是左、右的刀具，而无法进入加温，须视情况调整
		f. 排烟的风扇出现故障，使温度太高
5	插带时不动作	上滑板右边 LS1 微开关故障或弹片被异物挡住，而无法碰触接点
6	连续工作	a. LS5 故障
		b. LS1 虽未故障，但接点及弹片间有脏物卡住，或弹片本身卡住，使其接点无法如常在插带后随之放开
		c. LS5 归零时，接点没有闭路，如此电源一开即连续工作
7	未捆紧即切断	a. 机器松紧调的太松，调紧些即可
		b. LS3 及 LS5 位置不当
		c. 退带磁感应开关故障

🐞 任务三　自动包装生产线的管理

一、自动包装生产线的认知

自动包装生产线是按包装的工艺过程，将自动包装机和有关辅助设备用输送装置连接起来，再配以必要的自动检测、控制、调整补偿及自动供送料装置，成为具有独立控制能力，同时使被包装物品与包装材料、包装辅助材料、包装容器等按预定的包装要求和工艺顺序，完成商品包装全过程的工作系统。

应用自动包装生产线可以提高劳动生产率，提高包装产品质量，改善劳动条件，降低工人劳动强度，减少占地面积，降低包装产品成本。

自动包装生产线特别适用于少品种、大批量产品包装，是物流包装工业发展的方向。

二、自动包装生产线的类型

1. 分类

（1）按包装机排列形式分类

自动包装生产线按包装机排列形式可分为串联自动包装线、并联自动包装线、混联自动包装线，见表6.10。

表6.10　　　　　　　　　　　　　　　包装机按排列形式分类

序　号	名　　称	特　性
1	串联自动包装线	各包装机按工艺流程单台连接；各单机生产节拍相同
2	并联自动包装线	为平衡生产节奏，提高生产能力，将相同包装机分散成数组，共同完成同一包装操作。在此类自动包装线中间一般须设置一些换向或合流装置
3	混联自动包装线	在一条包装自动线上，同时采用串联和并联两种连接形式，主要是为平衡各包装机的生产节拍，一般该自动包装线较长，机器数量较多，因此输送、换向、分流、合流装置种类繁杂

（2）按包装机之间的联系特征分类

自动包装生产线按包装机之间的联系特征可分为刚性自动包装线、柔性自动包装线、半柔性自动包装线，见表6.11。

表6.11　　　　　　　　　　　　　　包装机按相互之间的联系特征分类

序　号	名　　称	特　性
1	刚性自动包装线	各包装机间用输送装置直接连接起来，以一定的生产节拍运行。但如果其中一台设备发送故障停车，将引发全线停车
2	柔性自动包装线	各包装机之间均连有储料器，由储料器为后续包装机供料。如果某台设备发生故障，不会因此影响其他机器的工作，故生产效率高，但投资大
3	半柔性自动包装线	将自动全线分成若干区段，对不宜出现故障的地方的则不设储料器，提高其"刚性"，对经常出现故障的地方则设置储料器，提高其"柔性"。因此，既保证了生产效率高，投资又不致过大

2. 类型

自动包装生产线的类型因所包装产品不同而各异，常见的包装生产线有食品包装生产线、饮品包装生产线、药品包装生产线等。

（1）食品包装生产线

食品包装按技法可分为防潮包装、防水包装、防霉包装、保鲜包装、速冻包装、透气包装、微波杀菌包装、无菌包装、充气包装、真空包装、脱氧包装、泡罩包装、贴体包装、拉伸包装、蒸煮袋包装等。上述各种包装皆是由不同复合材料制成的，其包装特性是对应不同食品的要求，能有效地保护食品品质。

由于食品包装分类方法很多，所以针对不同要求的食品进行包装的自动生产线也不太一样，如图6.8所示。

这种典型的食品包装生产线由立式包装机、智能组合秤、Z形输送机（大倾角输送机）、振动送料机、工作平台、可选配成品输送机、重量检测机等设备组成，采用PLC控制系统，计量精度高、效率高，不碎料，能够完成全自动完成送料、称重、充填制袋、打印日期、成品输出等全部生产流程及智能组合秤一系列流程。

图 6.8　食品包装生产线

　　该生产线适合大米，小吃、冷冻薯条、糖果、瓜子、果冻、冷冻汤圆、开心果、花生、果仁、话梅、杏仁、葡萄干、巧克力等休闲食品，开心果、核桃等大壳坚果、薯片、锅巴等膨化食品，小五金件、塑料胶粒等各种颗粒状、块状、条状、球状及不规则形状等物料的定量称重与包装。

　　（2）饮品灌装生产线

　　饮品灌装生产线可根据需要配置的主要设备有卸箱机、洗瓶机、灌装压盖机、杀菌机、喷码贴标机、全自动包装线、码垛机以及输送系统、全自动电气化控制系统等。可以实现空瓶的卸箱、搬运、清洗、排列、灌装、封口、检液、贴标及满瓶的搬运、装箱、堆垛等一系列工作的自动完成，如图6.9所示。

图 6.9　饮品灌装生产线

　　该生产线全过程实现自动化，主要用于饮料的灌装作业，适用于聚酯瓶、塑料瓶灌装果汁、矿泉水、纯净水，加上温控装置还可以进行热灌装。

　　（3）药品包装生产线

　　药品包装生产线是全自动化设备系统，主要由铝塑泡罩包装机、多功能装盒机、热收缩薄膜包装机等四部分组成，能够自动完成药品的铝塑泡罩包装—泡罩板的装盒—成品盒的动态称量—成品盒的捆扎式热收缩包装等一系列工作，实现了送瓶、理瓶、数片、旋盖、铝箔封口全自动机器操作完成，如图6.10所示。

　　应用药品包装生产线，便于实现药品包装的自动化生产，将人为差错降到最低限度，有效防止药品在包装中受到污染和质量下降，使药品的生产完全符合《药品生产管理规范》——

GMP 规范的要求。

图 6.10 药品包装生产线

该生产线不仅可用于包装片剂、胶囊、胶丸及栓剂等药品的生产包装，还可用于保健品、化妆品、食品、电子等行业相关产品的铝塑和纸盒联动包装。

项目考核评价

完成本项目工作中，搬运操作已在以前项目中进行了专门考核，本项目对打包作考核。以学生个人为单位实行考核。

	手工打包机的操作			半自动打包机的操作			得 分
	自评	同学评	教师评	自评	同学评	教师评	
学生 1							
学生 2							
学生 3							
学生 4							
学生 5							

说明：

1. 每个人的总分为 100 分

2. 每人每项为 50 分制，计分标准为：不会操作计 1～15 分，基本不会操作计 16～30 分，操作较好计 31～40 分，操作很好计 41～50 分

3. 采用分层打分制，建议权重计为：自评分占 0.2，同学评分占 0.3，教师评分占 0.5，然后加权算出每位同学在本项目中的综合成绩

项目七 分拣设备的使用与管理

分拣设备是完成仓库或配送中心拣选、分货、分放作业的现代化设备，是迅速、准确进行分拣、配送作业的强有力的技术保证。目前在新兴的大容量的仓库和配送中心里，一般都配备有分拣设备。

国家标准《物流术语》（2006 版）规定，分拣输送系统（Sorting & Picking System）是采用机械设备与自动控制技术将随机的、不同去向的物品，按一定要求进行分类实现物品分类、输送的一种物料搬运系统。

分拣系统是完成拣选、分类作业的自动化系统。拣选（Order Picking）是指按订单或出库单的要求，从储存场所拣出物品，并码放在指定场所的作业。分类（Sorting）是指按照货物的种类、流向、客户类别对货物进行分组，并集中码放到指定场所的作业。

分拣系统一般应包括自动分拣设备和自动拣选设备两大类型。

项目描述

学习目标	器材工具	教学建议	课时计划
① 了解分拣系统的概念 ② 认识并掌握分拣系统的类型 ③ 掌握自动分拣系统和自动拣选系统的操作 ④ 在作业中培养学生的团队精神	① 自动分拣设备 ② 自动拣选设备 ③ 集中单元器具——托盘 ④ 搬运叉车 ⑤ 条形码	① 条件允许时，尽量在理论实践一体化教室或实训室和多媒体教室中实施教学 ② 设备操作注意事项应参照设备说明书	计划 8 学时，其中理论教学 4 学时，实践操作 2 学时，项目考核 2 学时

项目任务

自动分拣设备广泛用于现代自动化的立体仓库中，需要着重指出的是其操作使用只有与找货、装卸、搬运等环节紧密结合起来，才能提高分拣设备的工作效率。因而其操作应涉及如下工作环节：

（1）按照分拣单在流通加工区或货架上准确找取货物；

（2）将货物运至自动分拣机的入口；

（3）在控制计算机中设置分拣货物的出口、数量、货主等；

（4）在出口接货，并运至配送集货区。

项目导学

图示	说明
 分拣系统	分拣作业是依据顾客的订货要求或配送中心的送货计划，尽可能迅速、准确地将商品从其储位或其他区域拣取出来，并按一定的方式进行分类、集中、等待配装送货的作业过程 分拣设备是将随机的、不同去向的物品，按一定要求进行分类，实现物品分类、输送的一种物料搬运系统

续表

图　示	说　明
拣选系统	拣选即按照客户订单的要求，将不同种类数量的商品由配送中心取出集中在一起的拣货作业，该作业的目的在于正确且迅速地集合顾客所订购的物品 拣选设备就是为了提高作业流程的效率，在拣选过程中所使用的设备或设备系统

任务一　分拣设备的使用与管理

一、分拣系统的认知

2006 年的国家标准《物流术语》指出，分拣输送系统（Sorting & Picking System）是采用机械设备与自动控制技术将随机的、不同去向的物品，按一定要求进行分类实现物品分类、输送的一种物料搬运系统。

分拣输送系统是完成拣选、分类作业的自动化系统，是大型物流中心、配送中心进行分拣、配送作业的强有力的技术保证。

自动分拣机有以下几个特点。

① 大大提高了分拣速度，且能连续、大批量地分拣货物。

② 分拣误差率极低。

③ 基本实现了无人化。

【案例 1】

日本福冈配送中心的分拣系统可以对到达、中转、配送的大量货物进行分拣处理，分拣系统的处理能力：一般日处理量为 17000 个，高峰日处理量可达 75000 个。始发和到达的货车数量每日约为 150 台。

分拣系统采用直线分拣机，方式为倾斜式托盘，分拣能力为 8160～10880 箱/小时，分拣货物重量最大为 50kg，最小为 0.1kg。

【案例 2】

美国某公司配送中心面积为 10 万平方米左右，每天可分拣近 40 万件商品，仅使用约 400 名员工，这其中大部分人员都是在从事上述各项工作，自动分拣线作到了无人化作业。

二、分拣设备的分类

1．分拣机械的分类

随着新技术在物流业广泛而深入地应用，目前出现了多种多样的自动分拣设备。分拣机按照分拣机构的不同进行的分类见表 7.1。

表 7.1   分拣机械的分类

图　示	说　明
 堆块式分拣系统 （Pusher Sorting System）	堆块式分拣系统由链板式输送机和具有独特形状的滑块在链板间左右滑动进行货物分拣的堆块等组成。堆块式分拣系统是由堆块式分拣机、供件机、分流机、信息采集系统、控制系统、网络系统等组成 （1）可适应不同大小、重量、形状的各种不同的货物 （2）分拣时轻柔、准确 （3）可向左、右两侧分拣，占地空间小 （4）分拣时所需商品间隙小，分拣能力高达 18000 个/小时 （5）机身长，最长达 110m，出口多
 交叉带式分拣系统 （Carbel Sorting System）	交叉带式分拣系统由主驱动带式输送机和载有小型带式输送机的台车（简称"小车"）连接在一起，当"小车"移动到所规定的分拣位置时，转动输送带，完成把货物分拣送出。因为主驱动带式输送机与"小车"上的带式输送机呈交叉状，故称交叉带式分拣机 （1）适宜于分拣各类小件货物，如食品、化妆品、衣物等 （2）分拣出口多，可左右两侧分拣 （3）分拣能力，一般达 6000～7700 个/小时。 注：大型交叉带式分拣系统一般应用于机场的行李分拣和安检系统 根据作业现场的具体情况可分水平循环式或直行循环式
 斜导轮式分拣机 （Line Shaft Diverter）	斜导轮式分拣机是当转动着的斜导轮在平行排列的主窄幅皮带间隙中浮上、下降时，达到货物分拣的目的 （1）对货物的冲击力小，分拣轻柔 （2）分拣快速准确 （3）适应各类货物，只要是硬纸箱、塑料箱等平底面货物都能分拣 （4）分拣出口数量多
 轨道台车式分拣机 （Pallet Sorting System）	轨道台车式分拣机将被分拣的货物放置在沿轨道运行的小车托盘上，当到达分拣口时，台车托盘倾斜 30°，货物被分拣到指定的目的地 （1）可三维立体布局，适应作业工程的需要 （2）可靠耐用，易维修保养 （3）适用于大批量货物的分拣，如报纸捆、米袋等
 摇臂式分拣机 （Swing Arm Diverter）	摇臂式分拣机将被分拣的货物放置在钢带式或链板式输送机上，当到达分拣口时，摇臂转动，货物沿摇臂杆斜面滑到指定的目的地 其特点是结构简单，价格较低

续表

图　示	说　明
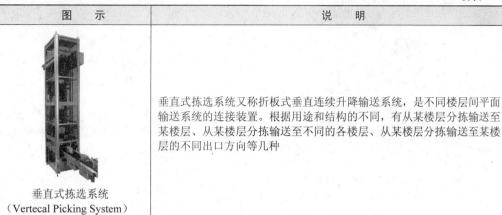 垂直式拣选系统 （Vertecal Picking System）	垂直式拣选系统又称折板式垂直连续升降输送系统，是不同楼层间平面输送系统的连接装置。根据用途和结构的不同，有从某楼层分拣输送至某楼层、从某楼层分拣输送至不同的各楼层、从某楼层分拣输送至某楼层的不同出口方向等几种

2．常用分拣机的类型

常用自动分拣机的简图、部件、使用范围及特点见表 7.2。

表 7.2　　　　　　　　　　　　　常用分拣机的类型

名称	简　图	部　件	使用范围及特点
带式分拣机	1—编码带；2—缓冲存储器；3—平钢带；4—导向接扳；5—过渡板；6—滑槽；7—编码键盘；8—监视器；9—货物检测器；10—消磁、充磁装置；11—控制柜；12—信息读出装置；13—满量检测器 带式分拣机	（1）编码带，主要携带货品的编码 （2）缓冲存储器，将编码带携带的编码暂存，以备后用 （3）平钢带，承载和运输货物，并将货物的地址代码以磁编码的形式记录在紧挨货物前沿的钢带上，成为自携地址信息 （4）导向接板，当所阅读的信息是该格口滑槽代码时，计算机就控制导向挡板，快速运动到钢带上方，导向挡板与钢带运动方向呈 35°夹角，可顺利地将货物导向滑槽，完成分拣 （5）过渡板，连接导向接板与平钢带 （6）滑槽，将货物从平钢带顺利导向出口 （7）编码键盘，对应货物地址按下地址键 （8）监视器，监督设备的运行状态 （9）货物检测器，当携带地址的货物通过时，检测出其地址信息 （10）消磁、充磁装置，首先对钢带上的遗留信息进行消磁，再将该货物的地址代码以磁编码的形式记录在紧挨货物前沿的钢带上充磁 （11）控制柜，手动控制装置 （12）信息读出装置，阅读并正确接收钢带所携带的地址编码 （13）满量检测器	带式分拣机的适用范围较大，除易碎、超薄货物及木箱外，其余货物都能分拣。最大分拣质量为 70kg，最小分拣质量为 1kg，最大分拣尺寸为 1500mm×900mm×900mm，最小尺寸为 50mm×150mm×50mm，分拣能力为 5000 箱/小时 该分拣机的主要优点是强度高，耐用性好，可靠程度高。但设置较多的分拣滑道较困难，系统平面布局比较困难。另外，对货物的冲击较大，运行费用较高，价格较高 斜带式分拣机最大的优点是利用重力卸载，因而卸载机构简单，还可以设置较多的分拣滑道

续表

名称	简 图	部 件	使用范围及特点
托盘式分拣机	 1—上货机；2—激光扫描器； 3—带式托盘小车；4—格口 托盘式分拣机	托盘式分拣机是一种使用十分广泛的机型，主要由托盘小车、驱动装置、牵引装置等构成。其中托盘小车的形式多样，有平托盘小车、U形托盘小车、交叉带式托盘小车等 （1）上货机，将要分拣的货物放置到分拣机的托盘中 （2）激光扫描器，阅读、传递、暂存货物携带的地址指令信息 （3）带式托盘小车，盛放要分拣的货物 （4）格口，即分拣道口	该分拣机的适用范围比较广泛，对货物没有严格限制，箱类、袋类、甚至超薄形的货物都能分拣，分拣能力可达10 000件/小时
翻板式分拣机	 1—货物；2—翻板；3—导向杆； 4—链条走轮；5—尼龙导轨 翻板式分拣机	翻板式分拣机是用途较为广泛的板式传送分拣设备。它由一系列相互连接的翻板、导向杆、牵引装置、驱动装置、支承装置等组成 （1）货物，待分拣的箱或袋装货物 （2）翻板，当货物到达指定的格口时，符合货物尺寸的翻板即受控倾翻，驱使货物滑入相应的格口中。每块翻板都可由倾翻导轨控制向两侧倾翻。每次有几块翻板翻转取决于货物的长短，而且货物翻落时，翻板顺序翻转，可使货物顺利地进入滑道 （3）导向杆，给翻板提供正确的导向和导向动力 （4）链条走轮，传动动力 （5）导轨，传动动力	该分拣机的适用范围大，可分拣箱类、袋类等货物。其分拣能力可达5 400箱/小时。但其分拣席位较少，且只能直线运行，占用场地较长
浮出式分拣机	 主自动线搬运方向 浮动辊子 引导带（或辊子）输送机 分类线 浮出式分拣机	浮出式分拣机是把货物从主输送机上托起，而将货物引导出主输送机的分拣机。它主要由两排旋转的滚轮组成，滚轮设置在传递带下面，每排由8～10个滚轮组成 （1）浮动辊子，接受到分拣信号后立即跳起，使两排滚轮的表面高出传送带10mm，并根据信号要求向某侧倾斜，使原来保持直线运动的货物瞬间转向，实现分拣 （2）引导输送机，将已分类的货物输送到出口 （3）分类线，即分拣道口 （4）主自动线搬运线，即主输送线	该分拣机对货物的冲击力较小，适合分拣底部平坦的纸箱、用托盘装的货物，不能分拣很长的货物或底部不平的货物 其适用于包装质量较高的纸箱，一般不允许在纸箱上使用包装带，分拣能力可达7 500箱/小时 该分拣机的优点是可以在两侧分拣，冲击小，噪声低，运行费用低，耗电少，并可设置较多分拣滑道，但对分拣货物的包装形状要求较高，对重物或轻薄货物不能分拣，也不适用于木箱、软性包装货物的分拣

名称	简图	部件	使用范围及特点
悬挂式分拣机	 1—吊挂小车；2—格口；3—张紧装置； 4—货物；5—输送轨道； 6—编码台；7—传送带 悬挂式分拣机	悬挂式分拣机是用牵引链（或钢丝绳）作牵引件的分拣设备。按照有无支线，该分拣机可分为固定悬挂和推式悬挂两种机型。前者用于分拣、输送货物，只有主输送线路，吊具和牵引链是连接在一起的。后者除主输送线外还备有储存支线，并有分拣、储存、输送货物等多种功能 固定悬挂式分拣机主要有以下几部分 （1）吊挂小车，盛装待分拣的货物 （2）格口，即分拣道口 （3）张紧装置，将输送带张紧，增大其摩擦力 （4）货物，待分拣的货物 （5）输送轨道，输送货物的线路 （6）编码台，输入分拣编码信息 （7）传送带，传送货物运行的动力 分拣时，货物吊夹在吊挂小车的夹钳中，通过编码装置控制，由夹钳释放机构将货物卸落到指定的搬运小车上或分拣滑道上	该分拣机具有悬挂在空中、利用空间进行作业的特点，适合于分拣箱类、袋类货物，对包装物形状要求不高，分拣的货物一般可达100kg以上，但该机需要专用场地
滚柱式分拣机	 1—滚柱机；2—货物； 3—支线滚柱机； 4—推送器 滚柱式分拣机	滚柱式分拣机是用来对货物进行输送、存储与分路的分拣设备。按处理货物流程的需要，可以布置成水平形式，也要以与提升机联系使用构成立体仓库 （1）滚柱机，提供滚柱滚动的动力，并承载货物运行 （2）货物，待分拣的货物 （3）支线滚柱机，即分拣道口 （4）推送器，当货物输送到需分路的位置时，光电传感器给出检测信号，由计算机分析，控制货物下面的那组滚柱停止转动，并控制推送器动作，将货物推入相应路线的支线，实现货物的分拣	该分拣机一般适用于包装良好、底面平整的箱装货物，其分拣效率高，但结构较复杂，价格较高

三、分拣设备的使用

分拣设备的类型较多，使用范围也很广，应着重把握其典型结构、选型原则和操作方法。

1．分拣设备的典型结构

自动分拣系统（见图 7.1）一般由控制系统、识别装置、分类机构、输送装置及分拣道口等组成。下面以常用的滚道式自动分拣机为对象，来介绍其构成部分的检查要求。

图 7.1　自动分拣系统的构成图

滚道式自动分拣系统的构成部件说明见表 7.3。

表 7.3　　　　　　　　　　　　滚道式自动分拣系统的构成

序　号	构成部分	图　示	说　明
①	控制系统	控制系统	控制系统是整个自动分拣系统的控制"指挥中心"，分拣系统中各部件的一切动作均由控制系统决定 作用：识别、接收和处理分拣信号，根据分拣信号指示分类机构，按一定的规则（如货物的品种、送达地点或按货主的类别）对货物进行自动分类，从而决定货物的流向 分拣信号来源于货主的入库单证、客户订单，一般需要先将这些原始单证提供的分拣信息经过处理后，转换成"拣货单"、"入库单"或电子拣货信号，指导拣货人员或自动分拣设备进行分拣作业

续表

序　号	构 成 部 分	图　示	说　明
①	控制系统		自动控制系统的主要功能如下 （1）接受分拣目的地地址，通常由操作人员利用数字键盘或按钮输入，或者由控制系统自动接受 （2）控制进给台，使货物按分拣机的要求迅速准确地进入分拣机 （3）控制分拣机的分拣动作，使货物在预定的分拣口迅速准确地分离出来 （4）完成分拣系统中各种信号的检测监控及安全保护 计算机管理系统主要是对分拣系统中的各设备运行情况的有关数据进行记录、监测和统计，用于分拣作业的管理及对分拣作业和设备的综合评价与分析
②	识别装置	 识别装置	货物能够实现自动分拣的基础条件是系统能够对货物进行自动识别 物流配送中心广泛采用的自动识别系统配有条码系统和无线射频系统。条码自动识别系统的光电扫描器安装在分拣机不同的位置上，当货物移动到扫描器的可见范围时，扫描器自动读取货物包装上的条码信息，经过译码软件即可翻译成条码所表示的货物信息，同时，感知货物在分拣机上的位置信息，这些信息自动传输到后台计算机管理系统
③	分类机构	 分类机械	分类机构的作用：执行控制系统发来的分拣指令，使货物进入相应的分拣道口或主输送线 分类的依据：①货物的形状、重量、特性等；②用户、订单和目的地 分类机构应能够按照指令准确地将相应货物送至指定的支线道口

续表

序 号	构成部分	图 示	说 明
④	输送装置	 输送装置	输送装置的作用是将已分拣好的货物送至相应的分拣道口，以便进行后续作业输送装置应能够按照指令连续不断地输送货物
⑤	分拣道口	 分拣道口	分拣道口是将货物脱离输送装置并进入相应集货区域的通道。一般由钢带、皮带、滚筒等组成滑道，使货物从输送装置滑向缓冲工作站，然后进行入库上架作业或配货作业 分拣道口应与主输送线连接光滑，货物运送流畅

2．分拣设备的选型原则

常用的自动分拣设备多种多样，合理的设备选型应综合考虑货物的特性和作业的需要等诸多因素，见表7.4。

表7.4　　　　　　　　　　　分拣设备的选型影响因素

序 号	因 素	说 明
1	先进合理性	在选择分拣设备时，应尽量选择能代表该类设备发展方向的机型。设备的先进性是相对的，选择先进设备不能脱离国内外实际水平和自身的现实条件，并应根据实际情况，选用有效、能满足用户需要的设备，即选择已被实践证明技术成熟、技术规格和指标明确，并能在性能上满足要求的设备
2	经济实用性	选择的设备应具有操作和维修方便、安全可靠、能耗小、噪声低，能保证人身健康和货物的安全，并具有投资少、运转费用优点，尽量做到少花钱、多办事，提高经济效益
3	兼顾上机率	上机率是上机分拣货物的数量与该种货物总量之比。追求较高的上机率，必将要求上机分拣的货物的尺寸、质量、形体等参数尽量放宽，这将导致设备的复杂化、技术难度和制造成本增加、可靠性降低。反之，上机率降低，必将影响设备的使用效率。因而，要根据实际情况，确定较为合理的上机率

续表

序　号	因　素	说　明
4	相容性和匹配性	选择的设备应与系统中的其他设备相匹配，构成一个合理的物流程序，使整体系统的效益最大化
5	符合货物基本特性	分拣货物的物理、化学性质及其外形、重量、包装等特性千差万别，必须根据货物的基本特性来合理选择恰当的分拣设备
6	适应分拣方式和分拣量的需要	在选择分拣设备时，要根据分拣方式选择不同类型的分拣设备，还应考虑分拣货物批量的大小，及自动化要求的不同程度，来选择适当的分拣设备，既保证分拣工作正常、安全运行，又能够以较小的投入（如资金、人员、技术、场地等），获取较高的分拣效率

3．分拣设备的使用

分拣设备有多种多样，其使用方法也不大相同。下面以目前广泛使用的滚道式自动分拣机为例，来进行说明。

分拣前应做好如下的准备工作。

（1）检查设备齐全、完好。比如，预先设定的条码已打印好并按要求贴于待用托盘的指定位置，输送链连接正常、供电相位正常，阅读器能够正常识别条码，分拣道口的接货台已按规定摆放完毕。

（2）制订一份简练的分拣单。

（3）完成学生分组。根据实际工作流程，建议每组5名学生组成，其中操作员1名，取货员1名，入口送货员1名，出口接货员2名。操作一遍后，再轮换岗位，使每名学生在每个岗位上都操作一遍。

操作使用过程中，主要训练分拣系统的设定。设定包括新建、修改、删除。

（1）新建的操作

首先打开条码阅读程序，运行组态主程序，进入主画面后，单击"启动输送链"按钮，输送链将运行。按钮变成停止输送链字样。点"停止输送链"，输送链停，如图7.2所示。

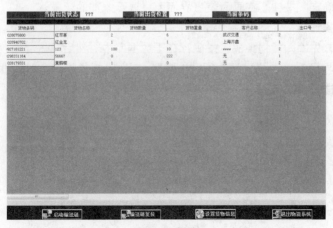

图7.2　新建

输送链复位按钮用于停止输送链上所有设备的运行。

单击"设置货物信息"按钮，弹出商品界面。界面中包含"添加记录"、"修改记录"、"删除记录"和"返回主画面"按钮，如图7.3所示。

添加记录时，先单击请"输入货物条码"，如图7.4所示。

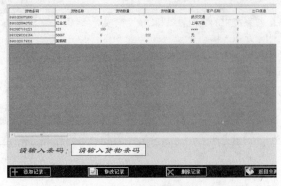

图7.3　商品界面　　　　　　　　　　图7.4　货物条码

在弹出的对话框中输入货物条码，然后单击"添加记录"按钮，弹出货物信息设置界面，如图7.5所示。

在弹出的对话框中输入货物信息，如图7.6所示。

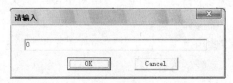

图7.5　货物信息设置　　　　　　　图7.6　货物条码

最后单击"确定"按钮。在画面信息界面上将显示添加的记录。

（2）修改的操作

修改记录时，先输入货物条码，条码存在于数据库中。然后单击"修改记录"按钮，弹出货物信息设置界面，单击"显示的货物信息"，在弹出的货物信息对话框中修改信息。最后单击"确定"按钮如图7.7、图7.8所示。

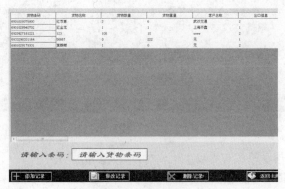

图7.7　商品信息

（3）删除的操作

删除记录时，先输入货物条码，条码必须存在数据库中，否则将跳出错误提示，如图 7.9 所示。

单击"删除记录"按钮后弹出是否确定删除记录界面，单击"确定"按钮即可删除记录。

在输送链上的货物条码必须存在数据库中，也就是商品信息界面中有显示的条码，否则条码阅读器将无法识别，在碰到光电干扰时，输送链停转。

图 7.8　货物信息

图 7.9　确认记录

所有货物都有各自对应的条码和出口号，条码阅读器根据货物条码，确定货物的出口号。

任务二　拣选设备的使用与管理

一、拣选设备的认知

拣选即按照客户订单的要求，将不同种类数量的货物由配送中心取出集中在一起的拣货作业，该作业的目的在于正确且迅速地集合客户所订购的货物。

拣选设备就是为了提高作业流程的效率，在拣选过程中所使用的设备或设备系统。使用分拣及拣选系统分拣快捷、准确、操作简易，大大降低了作业流程的劳力及时间需求，减少错误分拣，提高了物流服务水平。拣选设备能快速分拣大批量的货物，适合各种各样的传送要求。

二、拣选设备的分类

随着货物品种的日益繁多，连锁销售配送中心的增多，多品种、高频次的货物拣选作业得到迅速发展。拣选作业是配送中心业务最大、劳动强度最强、出错率最高的作业。近年来，根据不同的客户、不同的订单类型，出现了不同类型的拣选系统。拣选设备以拣选信息传送方式为标准划分，见表 7.5。

表 7.5 拣选设备的分类

名 称	图 示	特 性
电子标签拣选系统（Digital Picking System）	 电子标签拣选系统	配送中心的拣货作业是最繁重、最易出差错的工作。电子标签系统是计算机辅助拣货系统最常用的方式之一，仓库拣选作业是通过货架上的订单名、货名及其数量等电子标签显示器，对拣选作业人员及时、明确地下达向货架内补货（入库）和取货（出库）指示 该系统具有加快拣货速度、降低拣货错误率、免除表单作业等优点
RF 拣选系统（Radio Frequency）	 RF 拣选系统	RF 拣选系统是当输入、输出端（操作者或作业设备）没有固定的位置，在一定的局域内（如仓库、车间）随机性变动时，为传递数据信息，可采用的无线网实时信息管理系统 该系统一般包括数据采集装置、无线发射器、转接器、无线接收器、数据显示器以及计算器等
塔式推送拣选系统（Wireless Digital Picking）	塔式推送拣选系统	塔式推送拣选系统由塔式分拣机和链板式输送机等组成，用于外形尺寸规范、分拣量较少的货物，如条烟、纸包医药等，塔式分拣机由多个通道组成，每个通道内放置同一个品种的货物，且每次只分拣一个
拣选叉车拣选系统（OPTRF）	 拣选叉车拣选系统	拣选叉车拣选系统是 RF 拣选系统（无线数字传输显示拣传系统）中最常用的形式之一，是在高位拣选叉车或拣选式巷道堆垛起重机上装置出入库显示终端，根据 WMS 和无线数字传输显示拣选系统进行作业

三、拣选设备的使用

下面以目前比较常见的电子标签拣选系统为例，来介绍拣选设备的操作使用。

在操作前应做好如下准备工作。

（1）检查设备完好。比如，控制计算机与电子标签货架间的数据连线完好，数据对应运行正常，货架运行良好。货架上有相应的必备货物，另准备好若干待用托盘。

（2）制订一套摘取式分拣、播种式分拣、补货、盘点等业务订单。

（3）完成学生分组。根据实际工作流程，建议每组由 4 名学生组成，其中计算机操作员 2 名，仓库现场操作员 2 名。操作一遍后，再轮换岗位，使每名学生在每个岗位上都操作一遍。

操作过程分为电子标签订单设置和电子标签业务控制两大步骤进行。

1．设置电子标签订单

双击桌面上的"电子标签订单设置"图标，如图 7.10 所示。

图 7.10　电子标签订单设置

进入订单设置主界面，选择需要生成订单的流程，如图 7.11 所示。

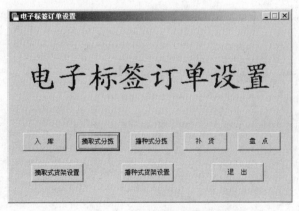

图 7.11　订单设置主界面

（1）设置摘取式分拣订单

单击"新建订单"按钮，建立一份新的订单，如图 7.12 所示。

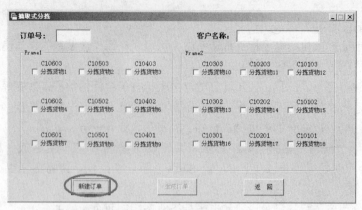

图 7.12　新建订单

订单号为自动生成，也可以根据实际情况修改订单号，如图 7.13 所示。

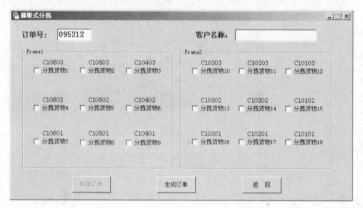

图 7.13　修改订单号

输入该订单的客户名称，选择需要分拣的货物，在下拉列表中输入分拣货物数量，如图 7.14 所示。

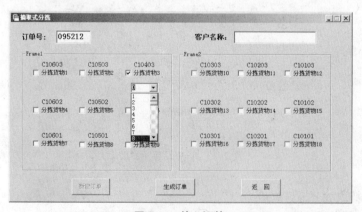

图 7.14　输入订单

所有货物设置完毕后，单击"生成订单"按钮，完成该订单的设置，并可以开始设置下一份订单，如图 7.15 所示。

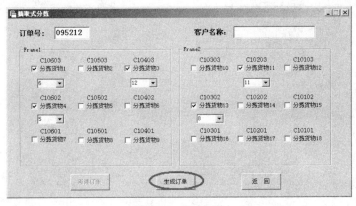

图 7.15 生成订单

（2）设置播种式分拣订单

单击"新建订单"按钮，建立一份新的订单，如图 7.16 所示。

输入分拣货物条码，并选择需要该货物的客户，在下拉列表中输入分拣货物的数量，如图 7.17 所示。

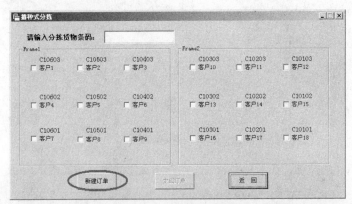

图 7.16 新建订单

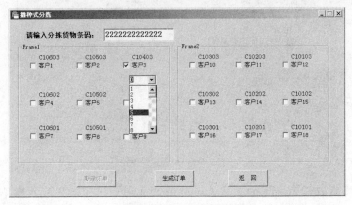

图 7.17 输入分拣订单

设置完毕后，单击"生成订单"按钮，完成改订单的设置。并可以开始设置下一份订单，如图 7.18 所示。

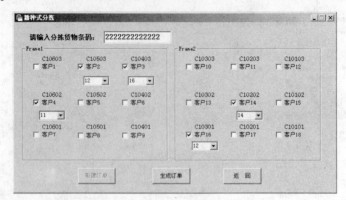

图 7.18　生成订单

（3）设置入库单

单击"新建入库单"按钮，建立一份新的入库单，如图 7.19 所示。

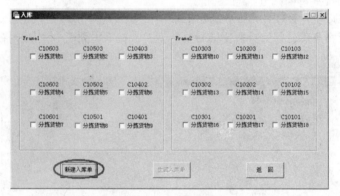

图 7.19　新建入库单

选择需要入库的货物，在下拉列表中输入入库货物的数量，如图 7.20 所示。

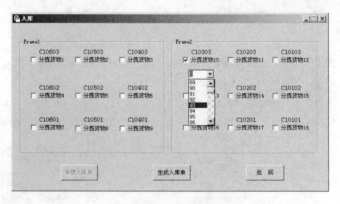

图 7.20　入库的货物

当所有入库货物设置完毕后，单击"生成入库单"按钮，完成入库单的设置，如图 7.21 所示。

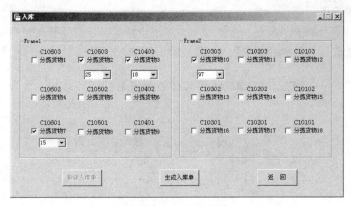

图 7.21　生成入库单

（4）响应补货请求

在"条码"一栏中输入被补货物条码，在"补货数量"一栏中输入补入电子标签货架的数量。单击"确定"按钮即可，如图 7.22 所示。

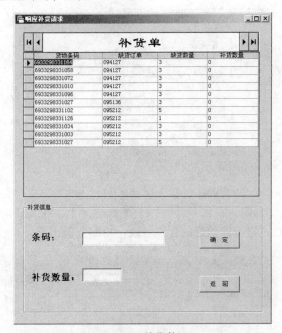

图 7.22　补货数量

在退出该界面时，若还有补货请求没有得到响应，则弹出如图 7.23 所示的界面。

图 7.23　补货响应

单击"是"按钮，退出该界面；

单击"否"按钮，继续响应补货请求。

（5）播种式盘点

直接在主界面上单击"盘点"按钮即可，系统会根据电子标签货架库存情况来自动生成单据。选择"盘点"、"播种式盘点"，如图 7.24、图 7.25 所示。

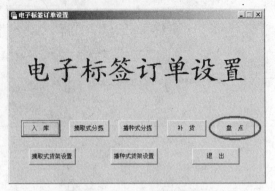

图 7.24　电子标签

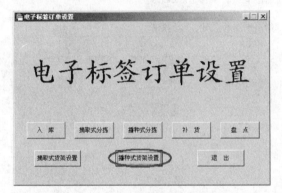

图 7.25　电子标签货架设置

在下拉列表框内选择需修改信息的仓位地址，如图 7.26 所示。

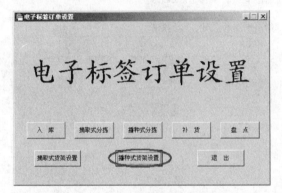

图 7.26　修改信息的仓位地址

在文本框内输入相关信息，单击"确定"按钮，如图 7.27 所示。

图 7.27　输入信息

2. 电子标签业务控制

双击桌面上的"电子标签拣货系统"图标，如图 7.28 所示。

进入电子标签拣货系统，如图 7.29 所示。

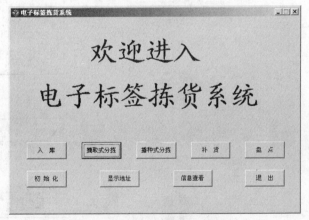

图 7.28　电子标签拣货系统　　　　　图 7.29　进入电子标签拣货系统

初始化：熄灭所有电子标签

显示地址：显示电子标签的物理地址

信息查看：查看电子标签发回的信息代码

退出：退出系统

（1）摘取式分拣

摘取式分拣系统如图 7.30 所示，分拣流程如图 7.31 所示。

摘取式系统(Pick-to-light)

　　将电子标签安装于货架储位上,原则上一个储位内放置一项货物,即一个电子标签代表一项货物,并且以一张订单为一次处理的单位,系统会将订单中有订货商品所代表的电子标签亮起,检货人员依照灯号与数字的显示将货物从货架上取出,即称为摘取式分拣系统

图 7.30　摘取式分拣系统

进入通道前先检视订单显示器
所显示单号是否为负责订单

● 根据灯号显示进度检货

● 检完货后,按下黑色确认键

● 若有缺货,则按缺货键或调整实检量

● 依次将通道内所有该检储位检货完成

● 当该通道全数检货完成时,完成器会响起且下一通道指示器会显示下一个目的通道

● 待确认后,按下完成器之确认键,即可前往下一目的地继续检货

倘若完成器响时,下一通道指示器显示的是"END",则表示该订单已全数检货完成。

图 7.31　摘取式分拣流程

　　选择摘取式分拣,进入摘取式分拣界面,如图 7.32 所示。

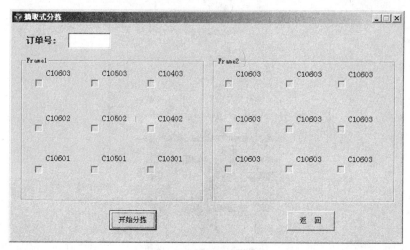

图 7.32　摘取式分拣界面

单击"开始分拣"按钮，开始摘取式分拣，如图 7.33 所示。

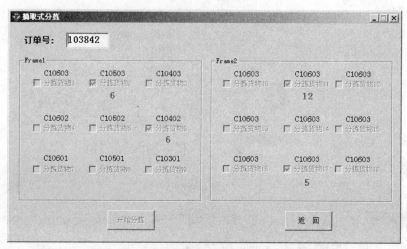

图 7.33　开始分拣

界面上显示当前执行的摘取式订单号、货物的名称以及数量。

电子标签被点亮并自动显示出该订单中设置的货物数量，操作人员按电子标签显示的数据拣取货物，若发现实际的货物数量少于拣取数量，则按"Fn"键，向系统发出补货请求；若没有问题，取走货物后按"确认"键。系统判断电子标签显示灯是否全灭，若没有全灭掉，则继续循环判断；若已经全部熄灭，完成灯点亮。操作人员按灭完成灯，开始执行下一份订单。

（2）播种式分拣

播种式分拣系统如图 7.34 所示，分拣流程如图 7.35 所示。

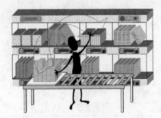

播种式系统(Put-to-light)
每一个电子标签所代表的是一个订单客户或是一个配送对象，亦即一个电子标签代表一张订单。每个品项为一次处理的单位，拣货人员先将货物的应配总数取出，并输入货物的信息，而系统会将有订购此项货品的客户其所代表的电子标签点亮，配货人员只要依电子标签之灯号与数字显示将货物配予客户即可，即为播种式配货系统

图 7.34　播种式分拣

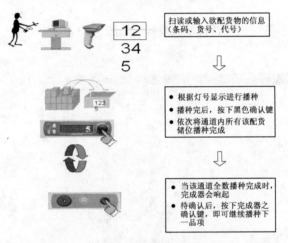

12
34
5
扫读或输入欲配货物的信息（条码、货号、代号）
123
5
5
根据灯号显示进行播种
播种完后，按下黑色确认键
依次将通道内所有该配货储位播种完成
当该通道全数播种完成时，完成器会响起
待确认后，按下完成器之确认键，即可继续播种下一品项

图 7.35　播种式分拣流程

选择播种式分拣，进入播种式分拣界面，如图 7.36、图 7.37 所示。

播种式分拣
请输入分拣货物条码:
Frame1
C10603
客户1
C10503
客户2
C10403
客户3
C10602
客户4
C10502
客户5
C10402
客户6
C10601
客户7
C10501
客户8
C10401
客户9
Frame2
C10303
客户10
C10203
客户11
C10103
客户12
C10302
客户13
C10202
客户14
C10102
客户15
C10301
客户16
C10201
客户17
C10101
客户18
开始分拣
返 回

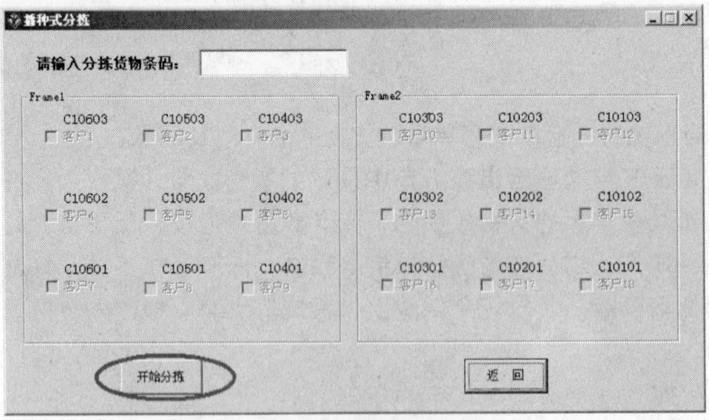

图 7.36　播种式分拣界面

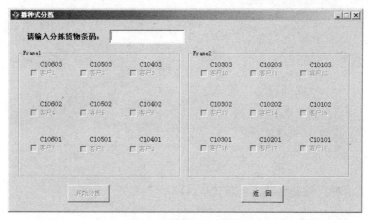

图 7.37　播种式分拣界面

条码枪扫描整箱货物的条码，如果该货物的播种式订单已经设置，电子标签就会被点亮并自动显示出该货物配送请求中各个客户订单所需的数量，如图 7.38 所示。

界面上显示当前执行的货物条码、订单号以及每份订单所对应的货物数量。操作人员将箱子中的货物按电子标签上显示的数量分配到货架上的某个客户订单中，并按"确认"键。判断电子标签显示灯是否全灭。若没有全灭掉，则继续循环判断；若电子标签显示灯已经全部熄灭，完成灯点亮。操作人员按灭完成灯，然后判断是否所有货物都分配完毕。如果没有，继续用条码枪扫描整箱货物的条码，同时在电子标签上显示下一份订单。操作人员继续执行以上步骤，直到所有货物都已分配完毕。

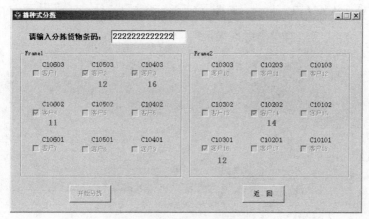

图 7.38　扫描整箱货物的条码

（3）补货

在摘取式分拣中提到，当仓库中实际货物数量少于拣取数量时，操作人员会按下"Fn"键，向上位机发出补货请求。同时操作人员继续分拣货物，并将有缺货的订单暂时放置在一旁。当补货货物到达时，单击"补货"按钮，进入补货界面，如图 7.39 所示。

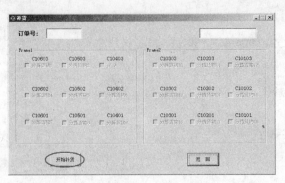

图 7.39　补货

单击"开始补货"按钮，进入补货流程，如图 7.40 所示。

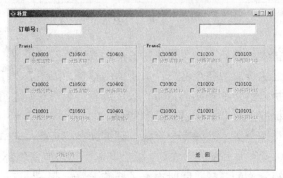

图 7.40　补货流程

用条码枪扫描补货货物的条码，界面和电子标签上会同时显示该货物的入库仓位，操作人员以此为根据将该货物放入货架，并按下"确认"键，如图 7.41 所示。

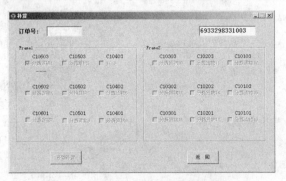

图 7.41　条码枪扫描补货货物的条码

随后，电子标签和界面都会显示数字和订单号，操作人员根据数字和订单号将相应数量的货物放入相应的订单，并按"确认"键。若此时完成灯点亮、蜂鸣器响起则表示该订单已经全部完成，可以进行装箱出货了。

（4）盘点

单击"盘点"按钮进入电子标签盘点界面，单击"开始盘点"按钮进入盘点流程，如图 7.42、图 7.43 所示。

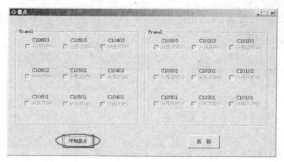

图 7.42　开始盘点

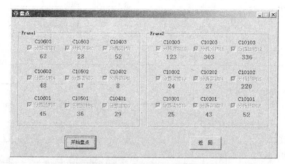

图 7.43　进入盘点流程

图 7.44　盘点完毕

界面上显示当前仓位内的货物名称、数量。操作人员根据盘点结果对电子标签进行操作。

工作人员按电子标签显示的数量进行盘点。如果电子标签显示的货物数量和实际的库存量相等，则需按"确认"键（连按 7 下）实际库存不等于显示的数量，则逐位（万、千、百、十、个）按下一旁的"+"、"-"键直到显示的数量相等后按"确定"键，如图 7.44 所示。

项目考核评价

考核可依据实训设备情况从两个任务中选择其一，以小组为单位，对个人进行考核。

1．分拣系统使用考核

	设置			取货			入口送货			出口 1 接货			出口 2 接货			得分
	自评	小组评	教师评	自评	小组评	教师评	自评	小组评	教师评	自评	小组评	教师评	自评	小组评	教师评	
学生 1																
学生 2																
学生 3																
学生 4																
学生 5																

说明：

1．每个人的总分为 100 分

2．每人每项为 20 分制，计分标准为：不会操作计 1～5 分，基本不会操作计 6～10 分，操作较好计 11～15 分，操作很好计 16～20 分

3．采用分层打分制，建议权重计为：自评分占 0.2，小组评分占 0.3，教师评分占 0.5，然后加权算出每位同学在本项目中的综合成绩

2．电子标签拣选系统使用考核

下面以小组为单位，对个人进行考核。

			学生 1	学生 2	学生 3	学生 4
设置电子标签订单	设置摘取式分拣订单	自评				
		小组评				
		教师评				
	设置播种式分拣订单	自评				
		小组评				
		教师评				
	设置入库单	自评				
		小组评				
		教师评				
	设置响应补货单	自评				
		小组评				
		教师评				
	摘取式盘点	自评				
		小组评				
		教师评				
	播种式盘点	自评				
		小组评				
		教师评				
电子标签业务控制	摘取式分拣	自评				
		小组评				
		教师评				
	播种式分拣	自评				
		小组评				
		教师评				
	补货	自评				
		小组评				
		教师评				
	盘点	自评				
		小组评				
		教师评				
得　　分						

说明：

1．每个人的总分为 100 分

2．每人每项为 10 分制，计分标准为不会操作计 1～3 分，基本不会操作计 3～6 分，操作较好计 6～8 分，操作很好计 8～10 分

3．采用分层打分制，建议权重计为：自评分占 0.2，小组评分占 0.3，教师评分占 0.5，然后加权算出每位同学在本项目中的综合成绩

项目八　物流信息设备的使用与管理

物流信息设备是指实现物流信息的采集、储存、管理和使用的设备，是实现物流信息化的硬件基础，是信息技术在物流领域中应用的重要保障。物流信息设备的形式多样，被广泛应用于仓库管理、运输管理、产品目录管理等领域。

项目描述

学习目标	器材工具	教学建议	课时计划
① 了解常用的物流信息设备 ② 认识并掌握物流信息设备的主要类型 ③ 掌握激光枪和手持终端两种设备的操作 ④ 在作业中培养学生的团队精神	① 激光枪 ② 手持终端 ③ 条码 ④ 货架	① 条件允许时，尽量在理论实践一体化教室或实训室和多媒体教室中实施教学 ② 设备操作注意事项应参照设备说明书	计划 6 学时，其中理论教学 2 学时，实践操作 2 学时，项目考核 2 学时

项目任务

对指定货物办理出库业务。其操作应涉及如下工作环节：

（1）按照作业以条码为依据在货架上准确找取货物；
（2）使用激光枪扫描方式与计算机配合建立控制中心出库单；
（3）使用手持终端在仓库对该货物现场办理出库作业；
（4）再使用手动托盘搬运车搬运至出库理货区。

项目导学

图　示	说　明
 信息采集设备	信息采集设备是自动识别物流信息的采集工作中所需要的设备，目前广泛用于完成信息的采集工作，如条码识别设备可以确定货物的种类、价格等基本信息，提高工作效率和准确性

续表

图 示	说 明
 信息处理设备	信息处理设备负责完成信息的整理、转化、存储和传递等功能，是物流信息系统的核心设备。采用 POS 机对信息采集后可以对信息进行处理，完成必要的统计功能，可以存储并传输到物流信息系统，以备使用
 信息查询设备	信息查询设备包含多种形式，所采用的查询设备也各异，如车辆定位设备可以对物流系统的移动对象进行空间位置的确定，对运输车辆进行跟踪，实现运输的全过程控制

任务一　信息采集设备的使用与管理

一、信息采集设备的认知

　　竞争的全球化发展、产品生命周期的缩短和用户交货期的缩短等都对物流服务的可得性与可控性提出了更高的要求，实时物流理念也由此诞生。如何保证对物流过程的完全掌控，物流动态信息采集应用技术是必需的要素。动态的货物或移动载体本身具有很多有用的信息，例如，货物的名称，数量、质量、出产地或者移动载体（如车辆、轮船等）的名称、牌号、位置、状态等一系列信息。这些信息可能在物流中反复的使用，因此，正确、快速读取动态货物或载体的信息并加以利用可以明显地提高物流的效率。在目前流行的物流动态信息采集技术应用中，一、二维条码技术应用范围最广，其次还有磁条（卡）、语音识别、便携式数据终端、射频识别（RFID）等技术。

　　物流信息采集设备是指在物流信息采集技术中所使用的制作携带信息的卡片、磁条及识读该信息的设备，它主要包括了条码的制作与识别设备，磁条、声音、视觉的识别仪器，以及智能卡、便携式数据终端和射频识别等设备。

二、信息采集设备的类型

　　目前在物流活动中常用的信息采集设备一般为自动采集设备，根据采集方式的不同，主要有条码生成设备、条码识读设备、数据采集设备、无线射频设备等。

1. 条码生成设备

条码生成设备根据条码的生成原理，可分为非现场和现场设备两种，见表8.1。

表8.1 条码生成设备的分类

序 号	名 称	特 性
1	非现场 条码生产设备	非现场条码生产设备即采用传统印刷设备大批量印刷制作 预印刷条码设备包括胶片制版印刷、印刷系统、条形码号码机和高速激光喷码机等 适用于数量大、标签格式固定、内容相同的标签的印制，如产品包装等
2	现场 条码生产设备	现场条码生产设备即由计算机控制打印机实时打印条码标签。这种设备目前大致分为通用打印机和专用条码打印机两种 通用打印机有点阵式打印机、喷墨打印机、激光打印机等，需要专用软件生成条码图形后再打印。其设备成本低、打印幅面大，可利用现有设备，但使用不方便，实时性较差 专用条码打印机俗称打码机，是专为打印条码而设计的，主要有热敏性和热转印式两种，都是通过加热方式打印。其设备打印质量好、打印速度快、打印方式灵活、实时性强、使用方便，是印制条码的重要设备 这两种方式灵活、实用性强，适用于多品种、小批量、需要现场实时印刷的场合

2. 条码识读设备

条形识读设备的种类多样，按照识别方式可分为接触式和非接触式，按照操作方式可分为手持式和固定式，按识别原理可分为光笔、CCD、激光和拍摄等。常用的条码识读设备包括激光枪、CCD扫描器、光笔与卡槽和全向扫描平台等，见表8.2。

表8.2 常用的条码识读设备的类型

名 称	图 示	特 性
激光扫描器	 激光扫描器	激光扫描器通过一个激光二极管发出一束光芒，照射到一个旋转的棱镜或往返摆动的镜子上，反射后的光穿过阅读窗照射到条码表面。光经过条或空反射后返回阅读器，由一个镜子进行采集、聚焦，通过光电转换器转换成电信号。该信号将通过扫描器或终端上的译码软件进行译码 激光扫描器分为手持与固定两种。手持激光扫描器连接方便、简单，使用灵活；固定式激光扫描器适用于阅读量较大、条码较小的场合，有效解放双手工作 激光扫描器可以很好地用于非接触扫描，可以阅读距离超过30cm的条码；也可以阅读多种密度各异的条码，并可阅读表面不规则的条码，还可透过玻璃或透明胶纸阅读；首读识别成功率高、识别速度快；误码率极低（仅约为三百万分之一）；激光阅读器的防震、防摔性能好。缺点是价格相对较高

名　称	图　示	特　性
CCD 扫描器	CCD 扫描器	CCD（Charge Couple Device）为电子耦合器件，比较适合近距离和接触阅读。CCD 扫描器使用一个或多个发光二极管（LED），发出的光能够覆盖整个条码。条码的图像被传到一排光探测器上，被每个单独的光电二极管采样，由邻近的探测器的探测结果为"黑"或"白"区分每一个条或空，从而确定条码的字符 CCD 阅读器的价格较便宜，可阅读多种密度各异的条码，轻易使用。缺点是局限于其阅读景深和阅读宽度，在一些需要远距离阅读的场合（如仓储领域）也不是很适合；大部分 CCD 阅读器的首读成功率较低且误码率高
光笔	光笔	光笔是最先出现的一种手持接触式条码阅读器，也是最为经济的一种条码阅读器 使用时，操作人员需将光笔接触到条码表面，通过光笔的镜头发出一个很小的光点，当这个光点从左到右划过条码时，在"空"的部分光被反射，"条"的部分光被吸收。因此，在光笔内部产生一个变化的电压，这个电压通过放大、整形后用于译码 光笔阅读条码的长度可以不受限制；成本较低；比较结实；体积小，重量轻。但使用光笔会受到各种限制，只有在比较平坦的表面上阅读指定密度、打印质量较好的条码时，光笔才能发挥作用；操作人员需要经过一定的练习才能使用；光笔的首读成功率低、误码率较高
卡槽扫描器	卡槽扫描器	卡槽扫描器是一种安装在某一固定位置的扫描器，一般采用非接触式扫描。其光束相对于物理机座是固定的，工作方式是利用条码符号相对于扫描器的相对运动来实现扫描 卡槽扫描器就是由人工来手持卡片（卡片上印有条码），通过移动卡片来完成扫描的，常用于时间管理与考勤、保安系统
全向扫描平台	全向扫描平台	全向扫描平台是利用全向激光扫描器进行条形码识别，标准尺寸的商品条形码以任何方向通过扫描器的区域都会被扫描器的某个或某两个扫描线扫出整个条码，以保证条码信息的快速、准确识别 全向扫描平台效率高，适合于识读不同距离、不同方向的条码

3.数据采集设备

数据采集设备即条码数据采集器或数据终端,是具有现场实时数据采集、处理功能的自动化设备,具备实时采集、自动储存、即时反馈、自动处理、自动传输等功能,为现场数据的真实性、有效性、实时性、可用性提供了保证。

数据采集设备广泛应用于货物出入库、物流快件管理、固定资产管理、抄表系统、图书管理系统中。

数据采集器大体上分为在线式数据采集器和便携式数据采集器两类,见表8.3。

表 8.3　　　　　　　　　　　　　　数据采集设备分类

名　　称	图　　示	特　　性
在线式 数据采集器	 在线式数据采集器	在线式数据采集器也称批处理方式数据采集器,是数据采集器采集好条码后,利用和计算机连接的通信座把采集的条码信息用文件的方式传输到计算机
便携式 数据采集器	 便携式数据采集器	便携式数据采集器也称无线方式数据采集器、手持终端、盘点机,是以 802.11b 和 GPRS 等方式无线实时和计算机交换数据的数据采集器

4.无线射频设备

无线射频(Radio Frequency Identification,RFID)是 20 世纪 90 年代兴起的一种非接触式的自动识别技术。无线射频技术相对于传统的磁卡及 IC 卡技术具有非接触、阅读速度快、无磨损等特点。

无线射频技术在阅读器和射频卡之间进行非接触双向数据传输,以达到目标识别和数据交换的目的。与传统的条形码、磁卡及 IC 卡相比,射频卡具有非接触、阅读速度快、无磨损、不受环境影响、使用寿命长、便于使用和具有防冲突功能、能同时处理多张卡片的特点。在国外,射频识别技术已被广泛应用于工业自动化、商业自动化、交通运输控制管理等众多领域。

无线射频设备系统一般由信号发射机、信息接收机、发射接收天线等几部分组成。阅读器通过发射天线发送一定频率的射频信号,当射频卡进入发射天线工作区域时产生感应电流,射频卡获得能量被激活;射频卡将自身编码等信息通过卡内置发送天线发送出去;系统接收天线接收到从射频卡发送来的载波信号,经天线调节器传送到阅读器,阅读器对接收的信号进行解调和解码然后送到后台主系统进行相关处理；主系统根据逻辑运算判断该卡的合法性，针对不同的设定做出相应的处理和控制，发出指令信号控制执行机构动作。

射频技术射频卡按照不同标准有以下几种分类。

（1）按供电方式分为有源卡和无源卡。有源是指卡内有电池提供电源，其作用距离较远，但使用寿命有限、体积较大、成本高，且不适合在恶劣环境下工作；无源卡内无电池，利用波束供电技术将接收到的射频能量转化为直流电源为卡内电路供电，其作用距离相对有源卡短，但使用寿命长且对工作环境要求不高。

（2）按载波频率分为低频射频卡、中频射频卡和高频射频卡。低频射频卡主要有 125kHz和 134.2kHz 两种，中频射频卡频率主要为 13.56MHz，高频射频卡主要为 433MHz、915MHz、2.45GHz、5.8GHz 等。低频系统主要用于短距离、低成本的应用中，如多数的门禁控制、校园卡、动物监管、货物跟踪等。中频系统用于门禁控制和需传送大量数据的应用系统；高频系统应用于需要较长的读写距离和高读写速度的场合，其天线波束方向较窄且价格较高，在火车监控、高速公路收费等系统中应用。

（3）按调制方式的不同可分为主动式和被动式。主动式射频卡用自身的射频能量主动地发送数据给读写器；被动式射频卡使用调制散射方式发射数据，必须利用读写器的载波来调制自己的信号，该类技术适合用在门禁或交通应用中，因为读写器可以确保只激活一定范围之内的射频卡。在有障碍物的情况下，用调制散射方式，读写器的能量必须来去穿过障碍物两次。而主动方式的射频卡发射的信号仅穿过障碍物一次，因此，主动方式工作的射频卡主要用于有障碍物的应用中，距离更远（可达 30m）。

（4）按作用距离可分为密耦合卡（作用距离小于 1cm）、近耦合卡（作用距离小于 15cm）、疏耦合卡（作用距离约 1m）和远距离卡（作用距离为 1～10m，甚至更远）。

（5）按芯片分为只读卡、读写卡和 CPU 卡。

三、信息采集设备的使用

随着条码技术的推广，通用商品采用条码的比例逐年递增，条码在物流中的应用也越来越广泛，这一切为物流企业提供了充足的数据源，以确保数据采集设备的顺利使用。

1．信息采集设备的选择

目前国内市场上的数据采集设备有几十种甚至上百种之多，性能、规格各异，价格不等，选用必须综合考虑条形码自身属性、识别对象特征、工作环境等多方面因素，见表 8.4。

表 8.4　　　　　　　　　　　　信息采集设备选择的因素

序　号	因　素	说　　明
1	适用范围	根据自身的不同情况，应当选择不同类型的设备。如应用在比较大型的、立体式仓库，由于有些货物的存放位置较高，离操作人员较远，就应当选择扫描景深大，读取距离远且首读率较高的采集器。而对于中小型仓库的使用人员，在此方面的要求并不是很高，可以选择一些功能齐备、便于操作的采集器。选择时最重要的一点是"够用"，即购买适用于本身需要的，而不要盲目购买价格贵、功能很强的采集设备
2	译码范围	译码范围是选择数据采集设备的一个重要指标。每一个用户都有自己的条码码制范围，大多数数据采集器都可以识别 EAN 码、UPC 码等几种甚至十几种不同的码制，但存在着很大差别。在物流企业应用中，还要考虑 EAN128 码、三九码、库德巴码等。因此，用户在购买时要充分考虑到自己实际应用中的编码范围，来选取合适的采集设备

续表

序 号	因 素	说 明
3	接口要求	数据采集设备的接口能力是评价其功能的又一个重要指标,也是选择采集器时重点考虑的内容。在购买时要首先明确原系统的操作环境、接口方式等情况,再选择适应该操作环境和接口方式的数据采集设备
4	对首读率的要求	首读率是数据采集器的一个综合性指标,与条码符号的印刷质量、译码器的设计和扫描器的性能均有一定关系。首读率越高,越节省工作时间,但相应的,其价格也必然较高。在货物的库存(盘点)过程中,可以通过人工来控制条码符号,用数据采集器重复扫描,因此,对首读率的要求并不严格,它只是工作效率的量度而已。但在自动分拣系统中,对首读率的要求就很高。当然,数据采集器的首读率越高,必然导致其误码率提高,所以在选择采集器时要根据实际情况和经济能力来购买符合系统需求的采集器,在首读率和误码率两者间进行平衡
5	价格	选择数据采集设备时,其价格也是应关心的一个问题。数据采集器由于其配置不同、功能不同,价格也会产生很大差异。因此,在购买采集器时要注意产品的性能价格比,以满足应用系统要求且价格较低者为选购对象,真正做到"物美价廉"
6	作业环境	工作环境光线太强,感光器工作就会受到影响。如果条形码表面覆盖有透明材料,反光度太高,也会影响其识别。因此,应参照作业环境,选择适合类型的设备

2. 信息采集设备的使用

信息采集设备多种多样,其使用方法也不大相同。下面以目前较为先进而且使用广泛的便携式数据采集器(即手持终端,简称手持)为例,来进行说明。

(1)打开,如图 8.1 所示。

(2)入库,建立入库单,如图 8.2 所示。

图 8.1 开机界面 　　　　　　　　图 8.2 新建入库单界面

单击"新建入库单"按钮,在填写入库单号后面的文本中填入入库单号,单击"确定"按钮,在选择货物客户中选客户,单击"确定"按钮后出现客户资料,单击"完成"按钮。

填写入库资料,如图 8.3 所示。

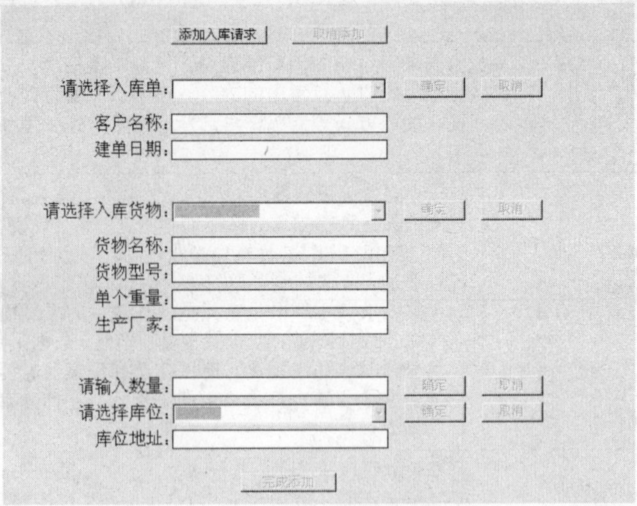

图 8.3　填写资料界面

首先，单击"添加入库请求"按钮，在请选择入库单号中选择入库单，单击"确定"按钮，在请选择入库货物中填入货物条码，单击"确定"按钮，在请输入数量后面填入入库货物的数量，然后在请选择库位中选择库位条码，单击"确定"按钮，库位地址出现库位号。单击"完成添加"按钮。

手持人员带着手持，首先进行入库检验，确认入库货物数量，然后进行入库指引确认入库位。最后在服务器计算机上进行审核确认入库，如图 8.4 所示。

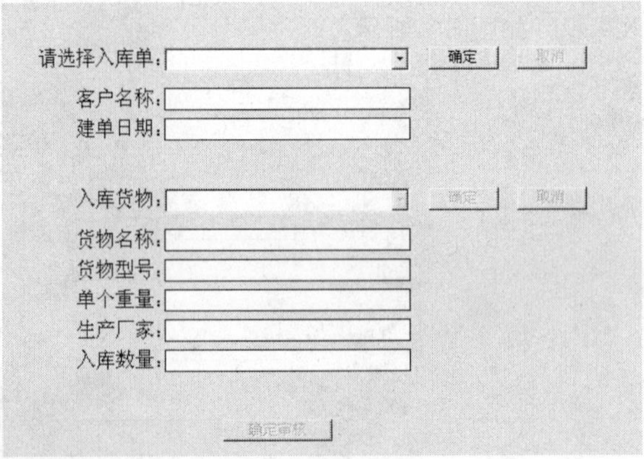

图 8.4　入库审核界面

在请选择入库的文本框中填入入库单，单击"确定"按钮，在入库货物后的文本框中填货物条码，最后单击"确定审核"按钮。

（3）出库，建立出库单，如图 8.5 所示。

单击"新建出库单"按钮，选择客户，单击"确定"按钮后在查看客户存货位中选择库位条码，单击"出库"按钮。

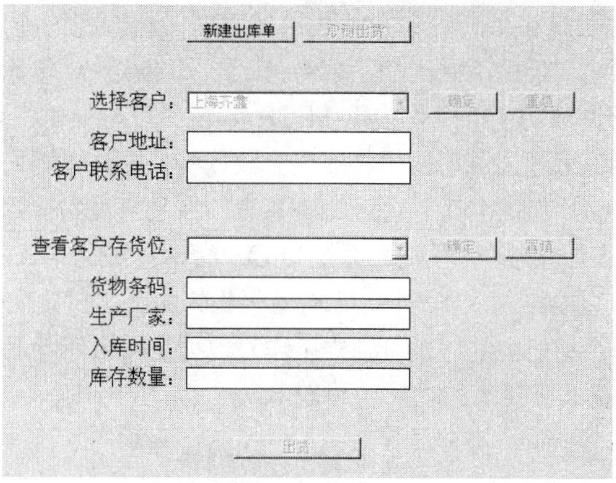

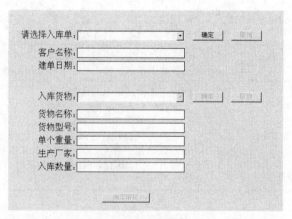

图 8.5 新建出库单界面

填写出库资料后，手持人员带着手持，首先进行出库指引确认出库位，然后进行出库检验，确认出库货物数量。最后在服务器计算机上进行审核确认出库，如图 8.6 所示。

图 8.6 出库审核界面

在"请选择出库单"中输入出库单，前面加一个 0，与入库区别（在手持上也是一样），即成出库单。

单击"确定"按钮后，在出库货物后的文本框中输入出库货物条码，单击"确定"按钮后单击"确定审核"按钮。

任务二 信息处理设备的使用与管理

物流和商流中应用最广泛的信息处理设备莫过于 POS 机，以此设备为代表来介绍信息处理设备。

一、POS 机的认知

POS（Point of Sales）的中文意思是"销售时点"，是一种配有条码或 OCR 码（Optical Character Recognition 光字符码）终端阅读器，有现金或易货额度出纳功能的信息处理设备，也被称为收银机、收款机、电子收款机。

世界上最早的收银机是在 1879 年由美国的詹敏斯·利迪和约翰·利迪兄弟制造的，其功能只实现营业记录备忘和监督雇用人的不轨行为。到 20 世纪 60 年代后期，随着电子技术的飞跃发展，日本率先研制成功了电子收银机（ECR）。电子收银机的发明具有划时代的意义，其技术性能和商业功能远远超过原型的机构式现金收款机，具有智能化、网络化、多功能的特点，成为在商业销售上进行劳务管理、会计账务管理、商品管理的有效工具和手段。到 20 世纪 80 年代中期，功能强劲的商业专用终端系统（POS）产生，成为第三代收银机，POS 与 ECR 的最大区别在于它有着直接即时入账的特点，有着很强的网上实时处理能力，POS 将计算机硬件和软件集成，形成一个智能型的，既可独立工作，也可在网络环境下工作的商业工作站。

现代化的 POS 系统具有强大的功能，见表 8.5。

表 8.5 POS 系统的功能

序 号	功 能	说 明
1	盘点功能	POS 机可以实现盘点的功能，在停业盘点时可以利用条码阅读器读入商品信息，然后输入商品数量，收款机将这些数据传到后台进行盘点统计
2	到货确认功能	当商品入店时，POS 机可以实现到货输入的功能，可以利用条码阅读器读入商品信息，然后输入商品数量，收款机将这些数据传到后台进行到货处理
3	验货功能	POS 机可以实现验货的功能，可以输入货物编码找到货物，显示货物的基本信息，此时可以输入货物条码，修改货物价格
4	数据组织功能	POS 机的数据组织的目的在于能有效地完成货物的单品管理、部门管理、人员管理以及提供大量的有价值的报告。由于收款交易的次数是相当可观的，因此，有效的数据组织是不可缺少的。如何能设计出最大限度满足管理需要，以经济安全可靠，既适用于今天，又有利于未来发展的数据结构是我们大家都关心的。因此，POS 机的数据组织直接关系到整个管理系统的好坏

二、POS 机的分类

目前使用中的 POS 机主要按照通信方式和打印方式两种方法来分类。

1．按通信方式分类

POS 机按通信方式可分为两大类：固定 POS 机和无线 POS 机，见表 8.6。

表 8.6 POS 机按通信方式分类

名 称	图 示	特 性
固定 POS 机	 固定 POS 机	固定 POS 机的优点是：（1）软件升级和维护比较容易；（2）网络拨号方式，拨号速度快；（3）POS 交易清算比较容易 缺点是：需要连线操作，客人需要到收银台付账 适用一体化改造的项目的商户

续表

名　称	图　示	特　性
无线 POS 机	无线 POS 机	无线 POS 机的优点是：（1）无线操作，付款地点形式自由；（2）体积小 缺点是：（1）通信信号不稳定；（2）数据易丢失；（3）成本高 适用到客人住所收款的商户类型

2．按打印方式分类

POS 机按打印方式可分为热敏 POS 机、针打 POS 机、套打 POS 机，见表 8.7。

表 8.7　　　　　　　　　　POS 机按打印方式分类

名　称	图　示	特　性
热敏 POS 机	热敏 POS 机	热敏 POS 机的优点是：打印速度快、打印时无噪声、耗材成本低 缺点是：签购单保存年限短，易受环境影响 适用一般商户类型
针打 POS 机	针打 POS 机	针打 POS 机的优点是：签购单保存年限长，不易受环境影响 缺点是：打印时噪声大，耗材成较高 适用一般商户类型
套打 POS 机	套打 POS 机	套打 POS 机的优点是：签购单保存年限长，不易受环境影响，外观比较美观 缺点是：耗材成本最高；打印速度慢 适用宾馆、酒店、百货等大型商户

三、POS 机的使用

POS 机的类型较多，使用范围很广，应着重把握其选型原则和在不同场合的使用功能。

1．POS 机的选择原则

选择 POS 机应遵循的原则见表 8.8。

表 8.8　　　　　　　　　　　　　POS 机选择原则

序　号	原　　则	说　　明
1	硬件性能可靠	从硬件的角度一定要选则性能和可靠性高的设备，目前市场上使用较多的品牌有日本 TEC—ST5000、美国 IBM—4694 等，都提供有标准接口。由于大多数收款机为分体组合型的，所以摆放上也比较容易
2	软件操作简便	从软件的角度一定要选择系统驱动程序简单可靠的，可二次开发的设备，驱动程序或驱动命令越底层越好
3	品牌质量过硬	品牌与质量是必须考虑的问题，名牌是通过各种测试得到的且经过实际考验而获得的，但名牌价格较高
4	售后服务热情	技术服务支持也是选择的一个重要标准，当 POS 机出现故障时能得到及时的维修，保证用户不致由于机器故障而受到损失
5	工作效率提高	根据系统的需要对设备进行选择，一定要保证引入 POS 机后确实能加强管理，使管理人员能从繁杂的工作中脱离出来而更多地考虑如何经营创效益

2．POS 机操作方法

收款员使用新型触摸屏 POS 机可以进行收款、退货、换货、价格查询、折扣、取消交易等操作，其中退货、换货、折扣功能可以设置成由经理控制。收款员每天工作的基本操作过程可以分为开机、进入销售、存零头、执行销售、结账、退出销售和关机。

由系统销售功能决定，收款员在上机时必须正确输入自己的密码，在得到系统确认后才能正常进入收款机销售状态。在销售过程中所有的账务都会自动记录在该收款员的账号下，直到退出销售下机时为止。销售结算的付款方式，可分为人民币、支票、信用卡、礼品券等。

（1）销售操作

POS 机的销售操作方法见表 8.9。

表 8.9　　　　　　　　　　　　　POS 机的销售操作方法

序　号	步　骤	操　　作
1	解锁	先输入同种商品的数量和"＊"号
2	扫描条码	使用扫描器，扫描读入该商品的条码信息，这时收款机屏幕上可看到所要销售商品的名称、数量、价格，同时顾客显示屏也向顾客显示其商品的价格
3	再次扫描	其他商品可重复以上操作，当同种商品只有一件时，可以直接进行扫描
4	小计金额	在收款过程中，可以随时按下小计键显示商品小计的金额
5	确认结算	当最终销售确认后，可以按下合计键进行收款结算

（2）选择付款方式

POS 机选择付款方式的操作方法见表 8.10。

表 8.10   POS 机选择付款方式的操作方法

序　号	支付形式	操作说明
1	现金支付	顾客的交款额与购物款相等可以直接按下输入键，否则在输入实收金额后按下输入键。这时系统会自动打印账单，开启现金抽屉，并显示应找给顾客的钱数，收款员进行收款、找钱、关闭现金抽屉后，屏幕又自动回到销售状态，此次销售过程结束
2	支票支付	在使用支票进行支付时，系统会询问支票号，将支票号输入后，系统还要求备书，将支票背面向上放入打印机中的平推打印位置，按下输入键，系统自动打印备书并打印账单；打开现金抽屉，收款员将支票放入现金抽屉。在关闭现金抽屉后，屏幕回到销售状态，此销售过程结束
3	信用卡支付	在使用信用卡进行支付结算时，如果商场与银行没有实现实时划账，需要在银行允许付款额之内或在授权后系统会继续询问信用卡的种类，选择后按下输入键，系统继续询问卡号，将信用卡在收款机磁卡阅读器上将卡号刷入，屏幕回到销售状态，此销售过程结束，然后办理压卡、签字等手续

收款员在每日换班、下班前，要进行结账处理。将现金抽屉中的现金、支票金额、以及信用卡金额输入到收款机，收款机就会记录下该收款员在这个阶段的工作情况，并打印出收款员的销售对账单，反映出收入的盈亏情况，凭此依据进行交班、接班、交款和结款处理。

过去零售业中的常规收银机只能处理收银、发票、结账等简单销售作业，得到的管理情报极为有限，仅止于销售总金额、部门销售基本统计资料。

对于一般零售卖场少则上千多则上万种商品的基本经营情报，如营业毛利分析、单品销售资料、畅滞销商品、商品库存、回转率却无法获得。导入 POS 系统主要是解决上述零售业管理盲点。

POS 系统除能提供精确销售情报外，透过销售记录能掌握卖场上所有单品库存量供采购部门参考或与 EOS 系统连结。总之 POS 为现代零售管理的必备工具。

（3）POS 结算

POS 机结算的操作方法见表 8.11。

表 8.11   POS 机结算的操作方法

序　号	步　骤	说　明
1	输入金额	地方易货代理或特约客户的易货出纳系统，将买方会员的购买或消费金额输入到 POS 终端
2	读取信息	读卡器（POS 机）读取广告易货卡上磁条的认证数据、买方会员号码（密码）
3	数据传输	结算系统将所输入的数据送往中心的监管账户
4	签字确认	广告易货出纳系统对处理的结算数据确认后，由买方会员签字。买卖会员及易货代理或特约商户各留一份收据存根，易货代理或特约商户将其数据存根邮寄给易货公司
5	划拨结算	易货公司确认买方已收到商品或媒体服务后，结算中心划拨易换额度，完成结算过程

（4）酒店前台使用

酒店前台的 POS 机的操作方法见表 8.12。

表 8.12 酒店前台的 POS 机的操作方法

序　号	步　骤	说　明
1	入住预交	当客人入住时，按估算押金额在 POS 机上作"预授权"交易
2	离店结算	当客人离店结算时，实际消费金额小于或等于预授权金额时，可使用"预授权完成"，输入原预授权交易有关要素来完成交易
3	超额处理	当客人离店结算时，实际消费金额大于预授权金额时，可使用"预授权撤消"，输入原预授权交易有关要素取消"预授权"交易，然后按实际消费金额做正常"消费"交易
4	现金结算	当客人离店时使用现金结算，使用"预授权撤消"交易，取消已取得的预授权
5	保管单据	妥善保管签购单据
6	异常处理	无法使用 POS 机进行"预授权撤消"时，将需要手工取消该笔预授权的书面说明（注明经办人员、加盖财务章）连同原预授权交易凭证一并传真至银联

任务三　信息查询设备的使用与管理

物流和商流中应用最为广泛的信息查询设备莫过于 GPS 导航仪，本任务以此设备为代表来介绍信息处理设备。

一、GPS 的认知

GPS 是英文 Global Positioning System（全球定位系统）的简称，而其中文简称为"球位系"。简单地说，GPS 是一个由覆盖全球的 24 颗卫星组成的卫星系统。通过这个系统，地球上任意一点在任意时刻，都可以同时观测到 4 颗卫星，以保证卫星可以采集到该观测点的经纬度和高度，以便实现导航、定位、授时等功能。这项技术可以用来引导飞机、船舶、车辆以及个人安全、准确地沿着选定的路线，准时到达目的地。

GPS 是 20 世纪 70 年代由美国陆海空三军联合研制的新一代空间卫星导航定位系统，其主要目的是为陆、海、空三大领域提供实时、全天候和全球性的导航服务，并用于情报收集、核爆监测和应急通信等一些军事事件。由于 GPS 技术新发展，作为先进的测量手段和新的生产力，已经融入了国民经济建设、国防建设和社会发展的各个应用领域，表现出了更加强大的服务功能，见表 8.13。

表 8.13 GPS 的功能

序　号	功　能	说　明
1	实时位置跟踪	可以实时显示车牌号、车辆所在经纬度、行驶速度、行驶方向、车辆状态（包括报警信息、停车时长等）、位置信息等
2	手机查询	可用手机快速查出车辆当前状态、位置
3	历史轨迹回放	使车辆在过去某一段时间的运行轨迹在地图中重现
4	地图操作	多种地图自由切换，放大地图，缩小地图，拖动地图，测距离，测面积
5	车辆和驾驶员信息化管理	管理内容涵盖车辆的车牌号码、车型、颜色、发动机号、底盘号码、用途等；驾驶员的驾驶证号、所属车队、准驾证号、身份证号、照片等，系统将对车辆和驾驶员的所有这些信息进行采集、录入，而后向用户提供修改、删除以及查询功能

高等职业教育课改系列规划教材目录

书　名	书　号	定　价
高等职业教育课改系列规划教材（公共课类）		
大学生心理健康案例教程	978-7-115-20721-0	25.00 元
应用写作创意教程	978-7-115-23445-2	31.00 元
高等职业教育课改系列规划教材（经管类）		
电子商务基础与应用	978-7-115-20898-9	35.00 元
电子商务基础（第 3 版）	978-7-115-23224-3	36.00 元
网页设计与制作	978-7-115-21122-4	26.00 元
物流管理案例引导教程	978-7-115-20039-6	32.00 元
基础会计	978-7-115-20035-8	23.00 元
基础会计技能实训	978-7-115-20036-5	20.00 元
会计实务	978-7-115-21721-9	33.00 元
人力资源管理案例引导教程	978-7-115-20040-2	28.00 元
市场营销实践教程	978-7-115-20033-4	29.00 元
市场营销与策划	978-7-115-22174-9	31.00 元
商务谈判技巧	978-7-115-22333-3	23.00 元
现代推销实务	978-7-115-22406-4	23.00 元
公共关系实务	978-7-115-22312-8	20.00 元
市场调研	978-7-115-23471-1	20.00 元
推销实务	978-7-115-23898-6	20.00 元
物流设备使用与管理	978-7-115-23842-9	25.00 元
高等职业教育课改系列规划教材（计算机类）		
网络应用工程师实训教程	978-7-115-20034-1	32.00 元
计算机应用基础	978-7-115-20037-2	26.00 元
计算机应用基础上机指导与习题集	978-7-115-20038-9	16.00 元
C 语言程序设计项目教程	978-7-115-22386-9	29.00 元
C 语言程序设计上机指导与习题集	978-7-115-22385-2	19.00 元
高等职业教育课改系列规划教材（电子信息类）		
电路分析基础	978-7-115-22994-6	27.00 元
电子电路分析与调试	978-7-115-22412-5	32.00 元

书　名	书　号	定　价
电子电路分析与调试实践指导	978-7-115-22524-5	19.00 元
电子技术基本技能	978-7-115-20031-0	28.00 元
电子线路板设计与制作	978-7-115-21763-9	22.00 元
单片机应用系统设计与制作	978-7-115-21614-4	19.00 元
PLC 控制系统设计与调试	978-7-115-21730-1	29.00 元
微控制器及其应用	978-7-115-22505-4	31.00 元
电子电路分析与实践	978-7-115-22570-2	22.00 元
电子电路分析与实践指导	978-7-115-22662-4	16.00 元
电工电子专业英语（第 2 版）	978-7-115-22357-9	27.00 元
实用科技英语教程（第 2 版）	978-7-115-23754-5	25.00 元
电子元器件的识别和检测	978-7-115-23827-6	27.00 元
电子产品生产工艺与生产管理	978-7-115-23826-9	31.00 元
电子 CAD 综合实训	978-7-115-23910-5	21.00 元
高等职业教育课改系列规划教材（动漫数字艺术类）		
游戏动画设计与制作	978-7-115-20778-4	38.00 元
游戏角色设计与制作	978-7-115-21982-4	46.00 元
游戏场景设计与制作	978-7-115-21887-2	39.00 元
影视动画后期特效制作	978-7-115-22198-8	37.00 元
高等职业教育课改系列规划教材（通信类）		
交换机（华为）安装、调试与维护	978-7-115-22223-7	38.00 元
交换机（华为）安装、调试与维护实践指导	978-7-115-22161-2	14.00 元
交换机（中兴）安装、调试与维护	978-7-115-22131-5	44.00 元
交换机（中兴）安装、调试与维护实践指导	978-7-115-22172-8	14.00 元
综合布线实训教程	978-7-115-22440-8	33.00 元
TD-SCDMA 系统组建、维护及管理	978-7-115-23760-8	33.00 元
光传输系统（中兴）组建、维护与管理实践指导	978-7-115-23976-1	18.00 元
高等职业教育课改系列规划教材（机电类）		
钳工技能实训（第 2 版）	978-7-115-22700-3	18.00 元

　　如果您对"世纪英才"系列教材有什么好的意见和建议，可以在"世纪英才图书网"（http://www.ycbook.com.cn）上"资源下载"栏目中下载"读者信息反馈表"，发邮件至 wuhan@ptpress.com.cn。谢谢您对"世纪英才"品牌职业教育教材的关注与支持！

续表

序　号	功　能	说　明
6	区域报警	设置一个区域，车辆进入（或者出此区域）系统报警提醒监控中心
7	线路报警	如车辆未按预设行车路线行使或驶出设定区域后，系统将会自动向监控中心报警
8	驾驶导航	可以在设置好的起点与终点之间规划导航
9	发送字幕	对指定的车辆发送天气状况、公司通知、货物信息等，此信息将显示在与车机连接的显示屏上
10	拍照功能	在某一时间点上抓拍车辆的图像（此功能需车机的支持）
11	抓图功能	抓取桌面显示区域地图，可以把回放的轨迹或桌面其他信息以图片方式保存起来
12	车辆信息设置	在车辆列表区选择某辆车，右击即可显示出车辆的信息列表。通过"√"勾选，增加或者减少需要在列表区显示的信息（其中包括编号、车牌号码、车主名称、车主电话、车机电话、车辆颜色、车辆类型、纬度、经度、速度、方向、服务器时间、GPS 时间、有效、状态、位置、温度）
13	软件车机命令设置	在车辆列表区选择某一辆车，右击即可显示出车机命令列表。根据需要向此车机发送命令（包括单次回报、连续回报、设置超速值、取消限速、设置温度报警、查询里程、车机拍照、监听车辆、自动监控、解除报警、切断油电、恢复油电）
14	报警统计	可以统计所有报警（如防劫报警、超速报警、断电报警、区域报警）
15	行车统计	行驶查询、停车查询、点火查询
16	超速统计	超速查询、超速报表
17	里程统计	查询车辆在某一段时间（或某一天）的行驶里程
18	温度报表	以表格的形式显示出车辆在一天内的温度值，对从事特殊行业运营的车辆（比如冷藏车）温度进行监控
19	油量报表	日油量表、行车/油耗报表、加油报表、漏油报表等
20	位置统计	某一天内车辆的 5min 位置、30min 位置、60min 位置、车队位置下载
21	周期报表	日报表、月报表

　　GPS 系统的显著特点有高精度、全天候、高效率、多功能、操作简便、应用广泛等，见表 8.14。

表 8.14　　　　　　　　　　　　　GPS 系统的显著特点

序　号	特　点	说　明
1	定位精度高	应用实践已经证明，GPS 相对定位精度在 50km 以内可达 10～6，100～500km 可达 10～7，1000km 可达 10～9。在 300～1500m 工程精密定位中，1h 以上观测的其平面位置误差小于 1mm，与 ME—5000 电磁波测距仪测定的边长比较，其边长较差最大为 0.5mm，校差中误差为 0.3mm
2	观测时间短	随着 GPS 系统的不断完善，软件的不断更新，目前，20km 以内相对静态定位，仅需 15～20min；快速静态相对定位测量时，当每个流动站与基准站相距在 15km 以内时，流动站观测时间只需 1～2min，然后可随时定位，每站观测只需几秒
3	测站间无须通视	GPS 测量不要求测站之间互相通视，只需测站上空开阔即可，因此可节省大量的造标费用。由于无须点间通视，点位位置可根据需要，可稀可密，使选点工作甚为灵活，也可省去经典大地网中的传算点、过渡点的测量工作

序　号	特　点	说　明
4	可提供三维坐标	经典大地测量将平面与高程采用不同方法分别施测。GPS 可同时精确测定测站点的三维坐标。目前 GPS 水准可满足四等水准测量的精度
5	操作简便	随着 GPS 接收机的不断改进，其自动化程度越来越高，有的已达"傻瓜化"的程度。接收机的体积越来越小，重量越来越轻，极大地减轻测量工作者的工作紧张程度和劳动强度，使野外工作变得轻松愉快
6	全天候作业	目前 GPS 观测可在一天 24h 内的任何时间进行，不受阴天黑夜、起雾刮风、下雨下雪等气候的影响
7	功能多、应用广	GPS 系统不仅可用于测量、导航，还可用于测速、测时。测速的精度可达 0.1m/s，测时的精度可达几十纳秒，其应用领域不断扩大。当初，设计 GPS 系统的主要目的是用于导航，收集情报等军事目的。但是，后来的应用开发表明，GPS 系统不仅能够达到上述目的，而且用 GPS 卫星发来的导航定位信号能够进行厘米级甚至毫米级精度的静态相对定位，米级至亚米级精度的动态定位，亚米级至厘米级精度的速度测量和毫微秒级精度的时间测量。因此，GPS 系统展现了极其广阔的应用前景

二、GPS 的分类

GPS 系统主要由空间部分设备、地面控制部分设备、用户接收部分设备三部分组成。GPS 卫星发送的导航定位信号，是一种可供无数用户共享的信息资源。对于陆地、海洋和空间的广大用户，只要拥有能够接收、跟踪、变换和测量 GPS 信号的接收设备，即 GPS 信号接收机，就可以在任何时候用 GPS 信号进行导航定位测量。根据使用目的的不同，用户要求的 GPS 信号接收机也各有差异。目前世界上已有几十家工厂生产 GPS 接收机，产品也有几百种。这些产品可以按照原理、用途、功能等来分类。

1．按接收机的用途分类

GPS 接收机按照其用途可分为导航型接收机、测地型接收机、授时型接收机，见表 8.15。

表 8.15　　　　　　　　　　　　GPS 接收机按其用途分类

序　号	名　称	特　点
1	导航型接收机	此类型接收机主要用于运动载体的导航，可以实时给出载体的位置和速度。这类接收机一般采用 C/A 码伪距测量，单点实时定位精度较低，一般为±10m，有 SA 影响时为±100m。这类接收机价格便宜，应用广泛根据应用领域的不同，此类接收机还可以进一步分为：车载型接收机（用于车辆导航定位）、航海型接收机（用于船舶导航定位）、航空型接收机（用于飞机导航定位）、星载型接收机（用于卫星的导航定位）
2	测地型接收机	测地型接收机主要用于精密大地测量和精密工程测量。这类仪器主要采用载波相位观测值进行相对定位，定位精度高。仪器结构复杂，价格较贵
3	授时型接收机	这类接收机主要利用 GPS 卫星提供的高精度时间标准进行授时，常用于天文台及无线电通信中的时间同步

2．按接收机的载波频率分类

GPS 接收机按照其载波频率可分为单频接收机、双频接收机，见表 8.16。

表 8.16   GPS 接收机按照其载波频率分类

序 号	名 称	特 点
1	单频接收机	单频接收机只能接收 L1 载波信号，测定载波相位观测值进行定位。由于不能有效消除电离层延迟影响，单频接收机只适用于短基线（小于 15km）的精密定位
2	双频接收机	双频接收机可以同时接收 L1、L2 载波信号。利用双频对电离层延迟的不一样，可以消除电离层对电磁波信号的延迟的影响，因此双频接收机可用于长达几千千米的精密定位

3．按接收机通道数分类

GPS 接收机能同时接收多颗 GPS 卫星的信号，为了分离接收到的不同卫星的信号，以实现对卫星信号的跟踪、处理和量测，具有这样功能的器件称为天线信号通道。根据接收机所具有的通道种类可分为：多通道接收机、序贯通道接收机、多路多用通道接收机。

4．按接收机工作原理分类

GPS 接收机按接收机工作原理可分为码相关型接收机、平方型接收机、混合型接收机、干涉型接收机，见表 8.17。

表 8.17   GPS 接收机按接收机工作原理分类

序 号	特 点	说 明
1	码相关型接收机	码相关型接收机是利用码相关技术得到伪距观测值
2	平方型接收机	平方型接收机是利用载波信号的平方技术去掉调制信号，来恢复完整的载波信号，通过相位计测定接收机内产生的载波信号与接收到的载波信号之间的相位差，测定伪距观测值
3	混合型接收机	这种仪器是综合上述两种接收机的优点，既可以得到码相位伪距，也可以得到载波相位观测值
4	干涉型接收机	这种接收机是将 GPS 卫星作为射电源，采用干涉测量方法，测定两个测站间的距离

经过 20 余年的实践证明，GPS 系统是一个高精度、全天候和全球性的无线电导航、定位和定时的多功能系统。GPS 技术已经发展成为多领域、多模式、多用途、多机型的国际性高新技术产业。

三、GPS 的使用

运用 GPS 技术，要重点掌握 GPS 系统的构成，GPS 接收设备的选型要求，根据不同的类型及设备说明书进行正确使用。

1．GPS 系统的构成

GPS 系统包括 GPS 卫星（空间部分）、地面支撑系统（地面监控部分）、GPS 接收机（用户部分）三大部分。GPS 系统利用无线电传输特性来定位，和过去地面无线导航系统所不同的是，GPS 系统由卫星来发射定时信号、卫星位置和健康状况信息，故具有发射信号能覆盖全球和定位精度高的优点。系统中所有卫星构成 GPS 系统的空间部分。卫星由地面站（地面监控部分）监测和控制，监测卫星的健康状况和空中定位精度，定时向卫星发送控制指令、轨道参数和时间改正数据。

用户装有 GPS 接收机，用来接收卫星发来的信号。GPS 接收机中装有专用芯片，用来根据卫星信号计算出定位数据。用户并不需要给卫星发射任何信号，卫星也不必理会用户的存在，故系统中用户数量没有限制。具有 GPS 接收机的用户就构成系统的用户部分。

（1）GPS 的空间部分

GPS 的空间部分如图 8.7、图 8.8 所示。

图 8.7　GPS 空间部分

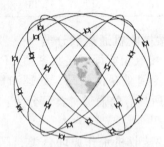

图 8.8　GPS 空间卫星

GPS 空间部分包括由 24 颗卫星组成的星座。卫星高度为 20200km，运行周期为 12h。卫星分布在 6 条升交点相隔 60° 的轨道面上，轨道倾角为 55°；每条轨道上分布 4 颗卫星，相临两轨道上的卫星相隔 40°，使得在地球上任何地方至少同时可看到 4 颗卫星。具有这样轨道参数的卫星，其发射信号能覆盖地面 38% 的面积。卫星运行到轨道的任何位置上，它对地面的距离和波束覆盖面积基本不变。同时在波束覆盖区域内，用户接收到的卫星信号强度近似相等。这对提高定位精度十分有利。GPS 空间卫星能在全球任何地方、任何恶劣的气候条件下，为用户提供 24h 不间断的免费服务。

（2）GPS 地面监控部分

地面监控部分包括 1 个主控站、3 个注入站和 5 个监测站。主控站位于美国科罗拉多的斯平士（Colorado Springs）的联合空间执行中心（CSOC），3 个注入站分别设在大西洋、印度洋和太平洋的 3 个美国军事基地上，即大西洋的阿松森（Ascension）岛、印度洋的狄哥·伽西亚（Diego Garcia）和太平洋的卡瓦加兰（Kwajalein），5 个监测站设在主控站和 3 个注入站以及夏威夷岛，如图 8.9、图 8.10 所示。

图 8.9　GPS 卫星地面监控站示意图

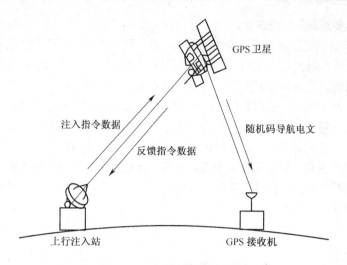

图 8.10　GPS 控制系统示意图

监测站主要是对每颗卫星进行观测，精确测定卫星在空间的位置，向主控站提供观测数据。每个监测站还配有 GPS 接收机，对每颗卫星连续不断地进行观测，每 6s 进行一次伪距测量和积分多普勒观测，并采集与气象有关数据。监测站受主控站的控制，定时将观测数据送往主控站。

主控站拥有大型电子计算机，作为数据采集、计算、传输、诊断、编辑等功能的主体设备，实现下列功能。

① 采集数据

主控站采集各个监测站所测得的伪距和积分多普勒观测值、气象要素、卫星时钟和工作状态数据，监测站自身的状态数据以及海军水面兵器中心发来的参考星历。

② 编辑导航电文

根据采集到的全部数据计算出每颗卫星的星历、时钟改正数、状态数据以及大气改正数，并按一定格式编辑为导航电文，传送到注入站。

③ 诊断功能

对整个地面支撑系统的协调工作进行诊断；对卫星的健康状况进行诊断，并加以编码向用户指示。

④ 调整卫星

根据所测的卫星轨道参数，及时将卫星调整到预定轨道，使其发挥正常作用。而且还可以进行卫星调度，用备份卫星取代失效的工作卫星。

主控站将编辑的卫星电文传送到位于三大洋的 3 个注入站，而注入站通过 S 波段微波链路定时地将有关信息注入各个卫星，然后由 GPS 卫星发送给广大用户，这就是所用的广播星历。

（3）GPS 用户部分

用户部分包括用户组织系统和根据要求安装相应的设备，但其中心设备是 GPS 接收机。GPS 接收机是一种特制的无线电接收机，用来接收导航卫星发射的信号，并以此计算出定位数据。根据不同性质的用户和要求的功能，要配置不同的 GPS 接收机。其结构、尺寸、形状和价格也大相径庭。如航海和航空用的接收机，要具有与存有导航图等资料的存储卡相接口的能力；测地用的接收机就要求具有很高的精度，并能快速采集数据；军事上用的，要附加密码模块，并要求能高精度定位。

GPS 接收机的种类虽然很多，但结构基本一致，可分为天线单元和接收单元两部分。天线单元由接收天线和前置放大器组成。常用的天线形式有定向天线、偶极子天线、微带天线、线螺旋天线、圆螺旋天线等。前置放大器直接影响接收信号的信噪比，要求噪声系数小、增益高和动态范围大。现在一般都采用 FET 放大器。接收单元包括有信号通道、存储、计算与显示控制及电源等部件。信号通道的主要功能是接收来自天线的信号，经过变频、放大、滤波等一系列处理，实现对 GPS 信号的跟踪、锁定、解调、检出导航有关信息。根据需要，可设计成 1～12 个通道，以能接收多个卫星信号。其他几个部件的作用主要包括根据收到的卫星星历、伪距观测数据，计算出三维坐标和速度；进行人机对话、输入各种指令、控制屏幕显示等，如图 8.11 所示。

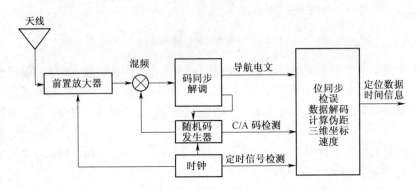

图 8.11　GPS 接收机简化原理框图

2．GPS 接收设备选型

最近几年，GPS 技术有着快速的发展，GPS 接收设备越来越商用化、民用化，促使中国的 GPS 导航仪市场快速升温，GPS 导航市场在短时间内就出现了爆炸式的增长。

选择与评价一台 GPS 导航仪的好坏，要关注的九大因素见表 8.18。

表 8.18　　　　　　　　　　　　GPS 接收设备选型因素

序　号	因　素	说　明
1	收星速度与质量	从 GPS 导航仪的工作原理来看，能否接收到有效的卫星信号是其运行中的一个重要部分，因此，收星速度与质量就直接决定了一台 GPS 导航仪的性能。收星速度以及信号的强弱直接决定车辆定位的速度和准确度，具有重要意义
2	开机的速度与反应速度	开机速度与机器的反应速度也是一个重要部分，开机与反应速度是主要由处理器决定的，采用好的处理器可以提高机器的反应速度，从而提升车辆导航的精确度，同时也可以节约使用者的操作时间，省时更省心
3	外观美观、耐磨、抗摔	GPS 导航仪材料的好与否，在很大程度上也决定了其综合性价比，同时好的材料也是 GPS 导航仪长久使用的有力保障
4	产品便携程度	PND，作为便捷式导航仪的代称，因此，产品的便捷程度就成了一个硬性指标，产品的便捷程度、安装的简单与否，都会直接导致用户使用的方便程度
5	电池容量与使用时间	电池拥有多长的续航能力，即导航仪在断开充电器后能够继续使用多长时间，也是评定导航仪好与否的一个标准。续航时间体现了机器的能耗效率，也体现了 GPS 导航仪的综合性能

续表

序　号	因　素	说　明
6	对工作环境要求	由于 GPS 导航仪的使用环境是多变的，因此，工作温度与湿度就成为了考验导航仪性能的一个因素。一款好的导航仪，必须能够适应不同的工作环境要求，才能有效地避免性能故障，让用户在使用中无后顾之忧
7	多媒体阅读的兼容性	随着 GPS 导航仪的功能越来越趋向多元化，娱乐多媒体已经成为了导航仪必备的功能之一。因此，兼容的多媒体格式的多少，也就成为了一个关键
8	地图信息的质量与匹配	电子导航地图是 GPS 导航仪赖以工作的另一个重要组件，电子导航地图的正确与否就直接决定了车主能否更快捷、更轻松地到达目的地。在当前的市场上，各品牌所使用的电子地图也参差不齐，而且往往不能及时升级地图信息，给用户带来不便
9	售后服务质量	现今市场上销售的 GPS 导航仪，有些品牌无法为用户提供完整的售后保修服务，在选购时一定要详细了解该产品的售后维修情况，以免上当

项目考核评价

完成本项目工作中，搬运操作已在以前项目中进行了专门考核，本项目对激光枪扫描和手持终端出库作业作考核。

下面以学生个人为单位实行考核。

	激光枪扫描条形码作业			手持终端出库作业			得　分
	自评	同学评	教师评	自评	同学评	教师评	
学生 1							
学生 2							
学生 3							
学生 4							
学生 5							

说明：

1. 每个人的总分为 100 分

2. 每人每项为 50 分制，计分标准为：不会操作计 1～15 分，基本不会操作计 16～30 分，操作较好计 31～40 分，操作很好计 41～50 分

3. 采用分层打分制，建议权重计为：自评分占 0.2，同学评分占 0.3，教师评分占 0.5，然后加权算出每位同学在本项目中的综合成绩

参 考 文 献

[1] 刘远伟，何民爱. 物流机械. 北京：机械工业出版社，2006.

[2] 何民爱. 物流装备与运用. 南京：东南大学出版社，2007.

[3] 刘廷新. 物流设施与设备. 北京：高等教育出版社，2003.

[4] 冯爱兰. 物流技术装备. 北京：人民交通出版社，2005.

[5] 鲁晓春. 物流设施与设备. 北京：清华大学出版社，2005.

[6] 张弘. 物流设施与设备. 北京：复旦大学出版社，2006.

[7] 蒋祖星. 物流设施与设备. 北京：机械工业出版社，2005.

[8] 王成林. 物流设施与设备. 上海：上海交通大学出版社，2009.

[9] 中国物流产品网 http://www.56products.com/.

[10] 中国物流设备网 http://www.56en.com/.